教科書指導ハンドブック

# 新版 小学校二学年 国語の授業

光村版

西郷竹彦 監修・文芸教育研究協議会 編集

新読書社

# はじめに――教科書教材による「ものの見方・考え方」を育てる国語の授業

これまで文部科学省のかかげてきた国語科教育の目標は、時により若干の異同はありましたが、文章表現の内容がわかる力、つまり読解力を育てること、という目的は今日に至るまで終始変わりません。もちろん、読解力の向上それ自身は望ましいことには違いありません。しかし、そのことに終始してきたことの結果として、子どもたちの「ものごとの本質・人間の真実を認識する力」は、まことに憂うべき状態にあります。たとえば、あらゆる対策が講じられてきたにもかかわらず、校内における、また地域社会における「いじめ」の問題は、依然として憂慮すべき状態にあります。

何よりも、肝心なことは、国語教育も他の教科教育と同様、「ものごとの本質・法則・真理・真実・価値・意味」などの体系的認識の力を育てることにあります。「人間のわかる人間を育てる教育」をこそめざすべきであるのです。まさに人間の真実を語る文芸こそが、人間についての豊かな、深い認識を育てるための唯一の教材となるものです。他の教科教育をもって代行できるものではありません。だからこそ文科省の文芸教育の軽視は、結果として教育の荒廃を招くもととなったのです。

私どもは、「人間のわかる人間」を育てるために「ものの見方・考え方」（認識の方法）を、発達段階に即して指導していくことをめざしています。『学習指導要領』が言語事項を軸にして系統化を考えているのに対して、私どもは認識の方法を軸にした系統化を考えています。つまり、説明文教材や文芸教材だけでなく、作文・読書・言語・文法などの領域もすべて、認識の方法を軸にして互いに関連づけて指導するわけです。

このような関連・系統指導の考え方に立って、どのような国語の授業を展開すればいいかを試みました。もちろん現行の教科書は『学習指導要領』に基づいて編集されておりますから、私どもの主張との間に、あれこれの食い違いやずれのあるのは当然であります。しかし、本書では、できるだけ子どもの「ものの見方・考え方」を関連・系統的に教え育てていく立場で、それぞれの教材をどのように教材研究し、授業を展開すればいいかを解説しています。

なお、国語を「ものの見方・考え方」を軸にした系統指導することによって、それが土台になり、すべての教科を関連づけることが可能となります。国語科で学んださまざまな「ものの見方・考え方」は、各教科を横断・総合するということもありますが、むしろ、国語科などで学びとったいろいろな「ものの見方・考え方」を、対象にあわせて組み合わせるところにこそ、本当の意味での「総合」があるのです。

国語科の指導にあたっては、体系的な西郷文芸学の理論と方法を教育的認識論をもとに、過去半世紀にわたり研鑽を積み重ねてきました。その豊かな経験をもとに、私どもは、「文芸の授業」や「詩の授業」「説明文の授業」などの場を通して実践・研究の成果を世に問うてきました。この『教科書指導ハンドブック』（略称『指導ハンドブック』）もその企画の一つです。

『指導ハンドブック』は、六割以上のシェアをもつ光村図書の教科書をどのような観点で指導したらいいのか、そのポイントを具体的に、わかりやすくまとめたものです。幸いこれまで出されてきたものも好評でした。今回の教科書の改訂で教材の変更がありました。そのため、『指導ハンドブック』も部分的に手を入れたものを出すことになりました。教科書をかたわらに置いて本書をお読みくだされば、「ものの見方・考え方」を育てる関連・系統指導の内容を具体的に理解していただけるものと確信しております。

企画から刊行まで、新読書社の伊集院郁夫氏のひとかたならぬご協力をいただきました。ありがとうございました。

二〇一五年四月

文芸教育研究協議会会長　**西郷　竹彦**

光村版・教科書指導ハンドブック　新版　小学校二学年・国語の授業／目次

## 第三章 ● 二年の国語で何を教えるか



### 上巻

下巻

【凡例】

1 本書は、西郷竹彦文芸研会長が確立した文芸学理論と教育的認識論をもとに文芸教育研究協議会（以下「文芸研」と略称）の実践者・研究者によって著された。

2 本書は、平成27年度用光村図書小学校国語科用教科書に掲載された教材の指導の参考に資するために著された。

3 本書の主たる参考文献は、『西郷竹彦文芸・教育全集』（恒文社）であるが、必要に応じて各項の最後に関連参考文献を載せた。

4 各学年の国語科指導全般にわたる課題を「低学年の国語でどんな力を育てるか」「教材分析・指導にあたって」で解説した。

5 具体的な指導のイメージを理解してもらうために指導案例と板書例を載せた。

6 『西郷竹彦文芸・教育全集15巻』（恒文社）は『全集15巻』と略称し、『最新版西郷竹彦教科書指導ハンドブック小学校低学年・国語の授業』〈西郷竹彦著・明治図書〉は、旧『指導ハンドブック低学年』とした。

7 教科書引用文は〈　〉に入れた。一般引用文は「　」に入れた。

8 西郷文芸学理論による用語は《　》で表したが、一般的に使われている用語でも西郷文芸学理論による意味と異なる場合は《　》を使っているところがある。

9 西郷文芸学理論や教育的認識論の用語が記述されたところで必要なものは太字にした。

10 各項目単独でも利用できるようにするため、他の項目と重複した内容になっているところがある。

# 第一章

# 低学年の国語でどんな力を育てるか

この本を出版した趣旨について説明しておきます。観点といってもいいでしょう。

私ども文芸研は、長年にわたって、「認識と表現の力を育てるための関連・系統指導」を主張してきました。一年ではどういう認識・表現の力をつけるのか、二年では……、三年では……と、一年から六年まで、さらに中学・高校へと関連・系統指導することになります。ここでは、小学校一年から六年までの各学年の中心課題を明確にしていきたいと思います。つまり、小学校の各学年でどういう認識・表現の力を育てるかということを課題にします。

## 1 関連・系統指導でどんな力を育てるか

人間および人間をとりまくさまざまなものごと（世界と言ってもいい）、その真実、本質、価値、意味をわかることを「認識」と言います。

「わかる」ためには「わかり方」を教えるのであって、そのわかり方は、普通「ものの見方・考え方」と言います。

「ものをよく見なさい。」とか「しっかり考えなさい。」と言っても、どこを見たらいいのか、どのように考えることがしっかりよく見て考えることなのかを子どもたちは知りません。だから、学校で私たち教師が、小学校一年生から、一番大切なものの見方・考え方（認識の方法と言います）を具体的な教材を使って、「教材で」教えていく、学ばせていくことになります。

そして「教材で」人間とはこういうものだという、人間の本質とか真実をわからせます。これを「認識の内容」と言います。これらが国語の授業で学ばせることです。

つまり、国語科で学ぶことの一つは、ことばを通して、人間やものごとの本質や価値を学ぶ（認識の内容を学ぶ）ことです。もう一つは、「ものの見方・考え方」（わかり方＝認識の仕方、認識の方法）を同時に学ぶことです。この両面を学ぶことが大事なのです。書いてある中身からわかったことの蓄積は「認識の力」になります。しかし、もう一つ忘れてならないことは、わかり方を同時にわからせ、身につけさせていくことです。認識の方法と認識の内容の両面がともに大事なのです。

**認識の方法**
**認識の内容** ｝ **認識の力**

認識の方法とは「わかり方」あるいは「ものの見方・考え方」であり、認識の内容とは「わかったこと」で、それは「知識」としてたくわえられ、思想を形成します。

ところで、認識の方法（わかり方）を学ぶことは、同時に表現の方法（わからせ方）を学ぶことでもあるのです。もっとも表現の方法は、これまでの読解指導においても不十分ではありますが、一応は教えてきました。しかし、人間の本質・人間の真実、ものごとの本質・価値・

意味をとらえて表現することが本当の表現の力なのです。ですから、本当の表現の方法は認識の方法と表裏一体のものとして学ばせなければなりません。

系統指導は、認識の内容を系統化するのではなく、認識の方法を系統的に指導することです。認識・表現の方法を、一年から系統化して指導していくことになります。

系統化ということは、前と後とがつながりがあるということです。それから、ただつながっているというだけではなくて、前に対して後のほうがより一段高まっているということです。この「つながり」と「たかまり」があって、小学校六年間で子どもの認識の力が系統的に育てあげられることになります。

## ❷ 国語科で育てる力

ここで、国語科ではどんな力を育てるかをはっきりさせておきたいと思います。理科や社会科と比べてみればはっきりすることです。理科は自然について（つまり、自然を認識の対象として）、その本質や法則を認識させる教科です。自然認識の力を育てる教科です。社会科は社会や歴史などを対象として、その本質や法則や意味を認識させる教科、つまり社会・歴史認識の力を育てる教科です。

では、国語科は何をするのかと言いますと、まず何よりも人間と人間をとりまく世界を認識させることです。もう一つは、ことば、表現そのものの本質・価値・意味を認識させることです。この二つがあります。

もちろん、理科で、自然認識の力を育てるというとき、自然とはこういうものだという認識の内容を教えると同時に、自然のわかり方も教えます。たとえば、実験や観察は、科学的な認識の方法の基本的なものの一つです。この認識の方法と認識の内容の両面を理科で教えていきます。また、社会科でも社会や歴史とはこういうものだという認識の内容を教えるだけでなく、社会科学的な認識の方法も同時に教えていきます。

国語科も同じです。ことばとは、人間とはどういうものかというものごとの本質をわからせていく（認識の内容をふくらませていく）と同時に、そのわかり方（認識の方法）を系統的に教えていきます。ひと言で言えば、教科教育の基本は認識だと言えます。

理科、社会科の場合には、表現の力を特にとりたてて問題にしませんが、国語科の場合には、認識の力を育てることと裏表に、表現の力を育てる課題が付け加わってきます。

## ❸ 自主編成の立場で

長年、私どもの運動の中で自主編成が言われてきました。自主編成というのは、教師が自ら教材を選ぶということです。教材を選ぶ主体は国民です。具体的には教師です。ですから、教科書があるからそれを使うというのではなく、その子どもにどんな力をつけるかという観点で、必要な教材を選ぶということです。

## ④低学年で育てる力

関連・系統指導の立場から、一、二年の教科書をどう扱ったらいいか、ということをお話しします。

### ◇低学年における課題――観点・比較・順序・理由

一年、二年に共通して、低学年における関連・系統指導の課題というのは、**観点**を決めてものを見る、ものを考える、あるいはものを言うというように、**観点**ということを一番基本にしています。

そのうえで、ものごとを比べてみる、**比較**するという力をつけます。比較する、比べるというのは、二とおりあります。一つは同じようなところ、似たようなところ、つまり同一性といいますが、そういうところに目をつけて見るという、**類比**です。類比というのは似たようなところを比べていくことですから、それは反復、くり返しともいいます。同じようなところが二度三度出てくれば、これはくり返しということになります。それから、もう一つは、違いに目をつける、あるいは反対のところに目をつける、そういう差異・相違に目をつける**対比**があります。

次は、**順序**ということです。順序よくものを見る、ものを考える、ものを行うということです。順序というのは、**展開**ということにもなってきます。そして、展開、**過程**の中には**変化**があります。ときには、**発展**ということにもなります。これらをひっくるめて**順序**といっておきます。つまり、つながりとか、うつり、うごき、かわる、ともいえましょう。

次は、**わけ——原因・理由・根拠**です。もちろん、原因を考えるときには結果を同時に考えないわけにはいきませんから、原因は結果とつなげて考えていくことになります。ある結果から、なぜそのような結果が生まれたのか、その原因を考えるというように、原因と結果はいつも対になっています。根拠というのは、あることの裏づけをするということです。

ここまでが一年、二年の学習の課題ということになります。

## 関連・系統指導案（小学校の中心課題）

←低→（1〜3）
←中→（1〜5）
←高→（1〜10）

0 **観点** 目的意識・問題意識・価値意識
真・偽 ほんと―うそ
善・悪 いいこと―わるいこと
美・醜 きれい―きたない
有用・無用 やくにたつ―やくにたたない

1 **比較**（分析・総合）
類似性―**類比**（反復）
相違性―**対比**

2 **順序** 過程・展開・変化・発展
時間・空間・因果・心情・思考・論理・意味

3 **理由・原因・根拠**

4 **類別**（分類・区別・特徴）
特殊・具体 ⇄ 一般・普遍
全体と部分

5 **条件・仮定・予想**

6 **構造（形態）・関係・機能・還元**

7 **選択**（効果・工夫）・変換

8 **仮説・模式**

9 **関連・相関・連鎖・連環・類推**

10 **相補**

（西郷試案2の2）

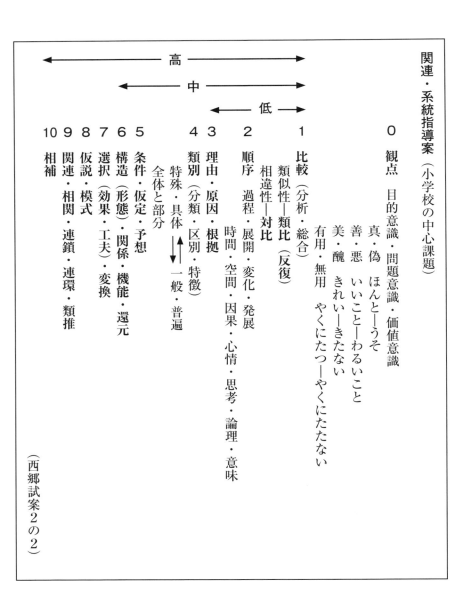

## ◇文字・ことば・文法の指導も課題と結びつけて

もちろん、国語の授業ですから、文字の指導、ことばの指導、文法の指導ということが、そこにかかわっています。そのときに大事なことは、必ず、今あげた系統指導の学年の課題と結びつけて指導するということです。

たとえば、対比的にものを見るということがありますから、「けれども」とか「でも」とか「つなぎことば」をとりたてて見ていきます。類比の場合、「も」という助詞や、「――したり――したり」、「――と――と――と」とか「――や――や――や」と並列する助詞に注意を向けるということになります。

それから、文字指導の場合でも、たとえば、カタカナの「カ」とひらがなの「か」は似ているけれど違います。似ているというのは類比的に見ること、違うというのは対比的に見ることです。似ているけれど違うところを押さえて文字の指導にもあたります。

筆順を教えるときには、順序とかかわって、どういうプロセスが一番合理的かと考えさせます。つまり、理由を考えさせます。実際、そのようにして筆順ができあがっているのです。

## ◇物語でも基本を押さえる

文芸作品では、**観点**を一年からしっかり教えてください。まず、一番重要なことは、話者の語ることばと人物の語ることばを**類別**することです。

次に、話者のことばを問題にするときに、話者がただ《外の目》で語っているのか、人物の《内の目》に寄りそっているのか、ここの違いを区別します。そうすると話者のことばの中には、人物の様子だけでなく人物の気持ちを語る場合があります。もちろん、まわりの様子、それから話者自身の気持ちや考え、態度というものを表す場合もあることがわかります。

人物のことばはカギに入れて区別します。人物のことばからどれだけのことを指導するかを押さえます。人物のことばの裏に、気持ちやものの見方・考え方、思想、性格、態度というものをとらえます。そして、くり返される言動から人物の真実・本質を認識させます。

## ◇教材の特質とも結びつけて

ことばのとりたて指導は、作品の内容・課題と結びつけることが大事です。

また、その教材の特質と結びつけた指導が大切です。「くじらぐも」ですと、〈も〉という助詞がくり返し出てきます。そこにこの教材の特質があります。地上の子どもたちと空の雲との関係がたえず対応してくり返されます。したがって、〈も〉をとりたててとりあげます。実は、この〈も〉は、対比と類比の関係を見事に表しているのです。ちょうど一年の課題と一致します。

## ◇一年で基本的なことをしっかり押さえる

なるべく早くたとえについて指導してください。比喩と声喩、どちらもたとえです。どちらもたとえであることを一年生にも教えてください。もちろん比喩と声喩は性格が違います。やがて、上の学年に行きますと、生きたものでたとえる擬人法が問題になってきます。生きたものにたとえるから活喩といいます。

二年、三年、四年となりますと、表現方法として、倒置法などがどのような表現の効果があるかといった問題が出てきます。

一年では、一番基本的なことを学ばせます。

表記でも、一年でほとんど全部教えてしまいます。たとえば、カタカナ表記の基本も一年で教えてしまいます。どういう場合にカタカナ表記にするかというと、〈キーカラカラ〉とか、〈ザーザー〉という物音をカタカナで書きます。それから外来語もカタカナで書きます。人の声も「キャーッ」というように表記します。鳥の鳴き声などもカタカナで表記します。これだけのことが、もう一年で出てきます。カタカナ表記の基本は、その三つでほとんどすべてです。外来語（外国の人名、地名）も含みます。いわゆる擬声語（声喩というべきです）といわれるもので、ほとんどすべてです。

ですから、一年の先生は責任重大です。しっかり基礎づくりをしておかないと、その上に柱を立てることができません。土台がいいかげんであれば、柱を立てても倒れてしまいます。屋根をのせる人はもっと困ります。「一年はやさしいことをあそびながらやったらいいんだ。」「あそび半分でやれば一年過ぎてしまう。」などというようにいいかげんに考えないで、一番大事な基本的なことをやるのだという責任感をもってやってください。

## ◇低学年では、観点・比較・順序・理由をくり返し指導する

土台をしっかりするためには、低学年では、先ほど言ったことだけをやればいいのです。観点・比較・順序・理由です。二年かければきちんとできるはずです。一日一時間、一年だと三百時間、国語をやります。その中に、作文の時間も、読書の時間もありますが、作文でも観点をふまえて書くことを指導すればいいのです。それ以外のことはやらなくてもいいし、少しふれるぐらいでいいのです。先ほどのことがしっかりできていれば十分です。観点・比較・順序・理由とこれだけです。たった四つ、それを手を変え品を変えてやります。説明文でも、作文でも、読書でも、文法でもやるということです。

実は、これらの「ものの見方・考え方」は、他の教科でも学ばせることになります。いわば、国語で「ものの見方・考え方」の基本を学ばせるということです。

# 第二章

# 教材分析・指導にあたって

# ❶ 視点について

## ◇視点人物と対象人物

すべての文芸作品は、①だれの目から描いてあるか、②どこから描いてあるか、という視点があります。

話者（語り手）はいつでも人物をわきから《外の目》で見て語っています。しかし、時にはある人物の目と心で、《内の目》で見ることもあります。どの程度の重なり方があるかで、①～の側から、②～に寄りそう、③～に重なる、という違いがあります。

話者（語り手）が《内の目》で見て語るほうの人物を視点人物と言います。見られるほうの人物を対象人物といいます。

視点人物と対象人物には、表現のうえで違いがあり、また読者のとらえ方も違ってきます（左記の表を参照のこと）。

| 人物 | 心・姿 | 表現 | 読者 |
| --- | --- | --- | --- |
| 視点人物（見る側） | 心（内面） | よく描かれている | よくわかる |
| | 姿（外面） | とらえにくい | よくわからない |
| 対象人物（見られる側） | 心（内面） | とらえにくい | よくわからない<br>会話や行動で推測できる |
| | 姿（外面） | よく描かれている | よくわかる |

### ◇同化体験・異化体験・共体験

《内の目》で視点人物と同じ気持ちになった読みを《同化体験》と言います。《外の目》で視点人物も対象人物も評価する読みを《異化体験》といいます。《同化体験》と《異化体験》をないまぜにした読みを《共体験》と言います。《共体験》で、より切実な深い読みができます。

### ◇視角

話者の《外の目》がある人物の《内の目》によりそい、重なったとき、それをその人物の視角から語ると言います。

## 2 西郷文芸学における《美と真実》とは

### ◇自然の美と芸術の美

花が美しいとか、きれいな夕焼けとか、あるいは心の美しさというときの《美》を、自然の美、素材・題材の美といいます。絵画や彫刻、音楽、演劇、文芸など芸術における美は、美しいとか、きれいというのではなく、むしろ、おもしろいとか、味わい、趣きというべきものでありましょう。これらを芸術における美、あるいは虚構における美、略して虚構の美と呼んでいます。

### ◇虚構（文芸）の美

文芸の美は、素材・題材の美しさと直接には関係がありません。ありふれた、あるいは醜いものでも、文芸において表現されたものは、独特の味わい、おもしろさをもっています。芸術は素材の美醜にかかわらず、虚構の方法によって虚構の美（芸術の美）を創造します。なお、虚構の美を西郷文芸学では、「異質な（あるいは異次元の）矛盾するものを止揚・統合する弁証法的構造の体験・認識、表現・創造」と定義しています。

料理にたとえると、甘さと酸っぱさという異質なものをひとつにとけあわせた風味（美味）といえましょう。

## ◇美の相関説

花が美しいというとき、花そのものに美があると考える立場を美の客観説といいます。花を美しいと思う人間の心に美があるとするものを美の主観説といいます。西郷文芸学においては、主観（視点）と客観（対象）のかかわりかたに美があるという相関説を主張しています。光と物と影にたとえると、光（主観）と物（客観）との相関関係によって影（美）を生ずるというわけです。光と物は実体概念ですが、影（美）は関係概念です。

美が相関的であるということは、読者の主体性が問題になるというわけです。

## ◇美の発見・創造

美とは**ある**ものではありません。読者が見出し、つくりだすものです。読者が主体的に文芸作品と「対話」して、そこから発見、創造するものです。文芸（虚構の世界）とは、読者も創造（虚構）する世界であるといえましょう。

## ◇美の体験・認識

美というものは、まず体験されるものです。美の体験は、感動をもたらします。文芸作品の虚構の構造（美の弁証法的構造という）を読者が明らかにしたとき、それは美の認識といいます。美の認識は、さらに美の感動（体験）を深めるものとなります。

## ◇美のカテゴリー

美というものは、さまざまです。料理の味にいろいろあるように、文芸の味わい（美）もまた多種多様なのです。ユーモアもペーソスも美の一種です。俳諧における「わび・さび・しをり・かるみ」なども美のカテゴリーにはいります。

## ◇美と真実

ドイツの国民的詩人といわれるゲーテは、「詩における美と真実」という有名なことばを残しています。すべて、すぐれた文芸というものは、人間の真実を美として表現するものです。真実にはいろいろあります。たとえば、親が子を慈しむのは、親という人間の真実です。真実とは人間普遍のものです。

真実とは、読者が「なるほど、わかる」と実感できるものです。共感できるものです。そのことを人間普遍の真実といいます。

そして、そのような真実がおもしろい、味わい深いと感じられたとすれば、それは真実が美として表現されているといいます。

真実――なるほど

美――おもしろい

すぐれた文芸は、「なるほど・おもしろい」というものとしてあるといえましょう。そのことを「花（美）も実（真実）もある」とたとえています。

ところで、《美と真実》といえば、美と真実が二つ別個にあるように誤解されがちですが、美と真実は表裏一体のものです。表あっての裏、裏なき表はない――ということです。真実のありようが美なのです。美として体験していることが実は真実なのです。

### ◇美と真実の教育

文芸教育は他の教科教育と相まって人間観・世界観を育てる教育であり、それを美と真実の教育というありかたで実現するものです。芸術教育はつねに《美》が問題となることを忘れてはなりません。わが国の教育では、《美》の教育が軽視されてきました。知の教育に偏ってきました。いまこそ美と真実の教育を中心にすえるべきだと思います。

文芸教育において《美と真実》は究極のテーマといえましょう。

## ❸西郷文芸学における《虚構》とは

### ◇虚構とは何か

本シリーズでは《虚構》という用語が使われています。世間一般でも「虚構」という用語はよく見られる用語です。しかし、そこでの「虚構」は、「つくりごと」とか「つくりばなし」、あるいは「フィクション」という意味で使われています。それは世間一般の通念としての「虚構」の考え方です。

西郷文芸学では、「文芸とはことばの芸術であって、虚構である」と言っています。その場合の《虚構》とは、「現実をふまえて、現実をこえる世界」のことです。ですから世間一般の「虚構」の考え方とは、ずいぶん違っています。詩や俳句、短歌、物語、小説などすべてを《虚構》と言います。

## ◇虚構の世界

**《虚構の世界》**とは、日常的な常識的な意味をこえた、非日常的な、反常識的な深い思想的な意味が発見される、あるいは創造される世界のことです。これは、《虚構の世界》をつくる大事な目的なのです。《虚構》は、自分や世界を日常的な目で見るだけでなく、《虚構の目》、文芸の目で見ることによって日常のなかに深い意味を見つけ出す力をもっています。また、そのような働きをもっています。つまり、《虚構》は未来を先どりすることや、理想を先取りすることができるのです。だから現実を批判する、文明批評という機能・はたらきをすることになるのです。

## ◇虚構の方法

文芸作品には《虚構の世界》をつくるために、いろいろな**《虚構の方法》**が使われています。《虚構の方法》とは、現実を再構築する方法です。現実とは、日常とか常識と言い換えることができます。そのような現実をふまえながら日常や常識をこえた世界、現実をこえた《虚構の世界》をつくる方法を《虚構の方法》と言っています。比喩も一つの《虚構の方法》です。視点、構成もそうです。その他、類比・対比といった認識の方法なども《虚構の方法》です。

## ◇読者も虚構する

現実は私たちの肉眼で見えますが、私たちの目では見えないものもあります。それを見るために《虚構の方法》があります。それを比喩的に**《虚構の目》**と呼んでいます。文芸の世界、《虚構の世界》とは、作者が《虚構の方法》を使ってつくりますが、読者はそういう文芸作品を相手取って、読者もまた作品の世界を自分自身の読み方で読むことになります。それを「主体的な読み」と言っています。《虚構の世界》は作品の内部にあるのではなく、読者が主体的にその作品と切り結んだときに、読者と作品のあいだに生まれてくる世界です。これが《虚構の世界》なのです。それを西郷文芸学では、**「読者も虚構する」**「読者も創造する」と言っています。また、そういう読みこそが本当の「主体的な読み」になります。

読者が作品を《虚構の世界》としてとらえなければ、これは単なる文章を読んだだけのことであって、そこから深い意味を見出すことはできません。主体的に読むことで読者が逆に自分自身を批判して、乗りこえていくという可能性も出てきます。

# ④「単元を貫く言語活動」について

## ◇「単元を貫く言語活動」の縛り

改訂学習指導要領で「言語活動」が全教科で重視（前学習指導要領では「内容の取扱い」として例示されていたのが、指導事項として格上げ）され、とりわけ国語科では「単元を貫く言語活動」が強く押し出され、教科書・学力テスト・各種官製研修を通してその徹底が図られています。地域によっては指導案にも「単元を貫く言語活動」を細かく指示しているものもあります。「指導すべき項目」として格上げされた言語活動例―観察・実験やレポートの作成、記録・要約・引用・説明・論述・編集のなどの言語活動例が示され、多くの時間を割くようになりました。

学習指導要領の改訂のたび言語操作・技術主義の学習活動が増え、言語と生活の分離に拍車がかかり、子どもたちのことばの力（伝達、想像、認識・思考、表現・創造）を伸ばすことによって人間的成長をめざしていくという国語教育本来の目標からますます離れていくことに、私たちは警鐘を鳴らしてきました。

全国一斉学力テストの出題問題をみても、「読むこと」「書くこと」のどんな力が国語の学力として誘導されようとしているのかが読み取れます。非連続型テキストの「読解」「表現」

として「読まない文芸・説明文教育」『書かない作文教育」の方向に授業が明らかに誘導されています。そこには、戦後日本の教師たちが理論的実践的に創造してきた現実認識を育て、人間的発達と密接にかかわるところの文芸教育・作文教育を含む国語教育全体を貫く背景をも取り去ろうとしていることは大きな問題です。

文芸教材や説明文教材の読みに時間をかけないで（「ざっくり読み」なる言葉が登場しました）、さまざまな言語活動が学習の中心となる学習風景が広がっています。言語活動例をあらかじめ示し、その動機づけに教材を扱う「単元構成学習」も教材の読みを丁寧に扱わないという点では同様です。

国語の授業で一番時間をかけなければならないのは、日本語そのもの（表記・文法・語彙・発音など）の教育と「読むこと」「書くこと」の領域です。文芸教育、科学的説明文・論説文の指導、作文教育こそ系統的な指導が必要なのです。

## ◇全国一斉学力テストと国語教科構造・内容の変質

全国学力テストが実施された結果、国語の教科構造・内容の強引な変更が行われました。「伝え合う力」の強調と実践の形式主義の広がりの後は、「活用力」です。「思考・判断・表現」を活用型学力とし、ＰＩＳＡ型学力調査に対応しようとしました。学力を基礎基本の習得（Ａ問題）と活用力（Ｂ問題）の二段階に分けて示しています。今までの学力テストの問題でも明らかなように、非連続型テキストの読解・討論・要約・推薦などの言語活動が具体的な問題として出題されました。

学習指導要領では、国語を三領域一事項—「A話すこと・聞くこと」「B書くこと」「C読むこと」と「伝統的な言語文化と国語の特質に関する事項」—とし、各学年相応の時間を配分しているにもかかわらず、学力テストの「C読むこと」の出題では、いわゆる説明文や物語文の読解の力をみる設問は皆無に等しいのです。「B書くこと」も要約が中心であり生活作文はもちろん登場しません。

「活用」とは場面設定を卑近な生活次元におろし、実用的な「言語処理能力」に狭めたものになっています。そもそもPISAなどの学力調査で指摘されたのは「主体的に理解し、主体的に表現できない」日本の子どもたちの問題でした。「知識基盤社会」の中で、国際競争力をどう確保するのかという人材育成の発想にとどまっており、結局教育を国家的・経済的視点からしか発想せず、平和と民主主義の発達、そして個人の生涯にわたる発達保障という視点が決定的に欠けています。

「活用力」の中身の「思考・判断・表現力」そのものには異論はありません。私たちも日々の教育活動で子どもたちに「思考・判断・表現力」、換言すれば《認識と表現の力》をつけたいと考えています。学習指導要領で「理解と表現」といっていた時代から、文芸研では《ものごとの本質や人間の真実を認識し表現する力を育てる》ことを主張し、国語の全領域を串刺しにした関連・系統指導（認識方法による関連・系統化）で実践を積み上げてきました。本書も《ものの見方・考え方》（認識方法）を育てる国語の授業づくりという観点で編集されています。

# ❺「伝統的な言語文化」の登場とその扱い

## ◇学習指導要領・国語の特徴

学習指導要領・国語は、戦後一貫して実用主義、言語活動主義の延長線上にあり、「話す・聞く」「読む」「書く」という言語活動の場面を三領域として設定し、その方向性は今改訂でも踏襲されています。しかし、従来の「言語事項」が「伝統的な言語文化と国語の特質に関する事項」に変えられ、「改正」教育基本法や「改正」学校教育法の伝統・文化の尊重、国を愛する態度（愛国心）の育成を反映したものになりました。

## ◇発達段階をふまえたものになっているか

小学校一・二年では、「昔話や神話・伝承など」が、三・四年では「易しい文語調の短歌や俳句」の「音読・暗唱」、「ことわざ・故事成語」の「意味を知り、使うこと」が、五・六年では「親しみやすい古文や漢文、近代以降の文語調の文章について、内容の大体を知り、音読すること」が述べられています。三・四年の短歌・俳句は、従来は高学年で扱っていたものであり、五・六年の教材を見るとほとんどが、従来中学校用教科書で扱われていたものです。

## ◇音読・暗唱中心の問題点

共通することは、内容の理解よりも音読・暗唱中心で、声に出して読むことでリズムや響きを身体で感じとらせようとしていることです。「伝統文化の理解は古典の学びから……日本語という言語体系そのものが日本の文化の象徴であることにも気づかせたい」（梶田叡一・中央教育審議会委員）という意図がわかります。日本語の美しさ・優秀さを強調し、愛国心・民族意識を涵養しようとしているといえます。音読・暗唱の教育的意義をすべて否定するものではありませんが、戦前・戦中の教育勅語や歴代天皇名の暗唱に代表される鍛錬主義には、抑制的であるべきです。

## ◇どのような扱いをすればいいのか

「説明」「報告」「メモ」「提案」「手紙」「記録」などの言語活動を扱う単元が増え、さらに「伝統的な言語文化」の増加で、限られた時間の中では、どう考えても詰め込み教育にならざるを得ません。「詰め込みでは」という批判に対して、「個々の児童生徒の理解の程度に応じた指導への転換を」と文部科学省は強調していますが、学習上の格差が拡大するのは明らかです。では、実際、子どもたちの力をつけるために教室ではどうするかです。それは、結論的に言うと、子どもの発達段階をこえた教材には多くの時間をかけないで紹介的に済ませるということです。文芸や説明文、作文指導に多くの時間をあてるといいでしょう。短歌や俳句などは、従来どおり高学年で鑑賞指導も含めて文芸教育として丁寧に扱ってほしいと思います。

# ❻ 文芸の授業をどのように進めればいいのか

文芸研では、導入の段階としての《だんどり》、展開の段階としての《とおしよみ》《まとめよみ》、整理の段階としての《まとめ》という授業段階を考えています。

## ◇《だんどり》の段階

授業の《ねらい》を達成するために必要な生活経験の思い起こしをさせたり、作者や作品の背景についての予備知識を与えたりして、学習に興味をもたせ、読みの構えをつくります。

## ◇《とおしよみ》の段階

この中には《ひとりよみ》《よみきかせ》《はじめのかんそう》《たしかめよみ》があります。

ここでは、イメージの筋に沿って、その場に居合わせるように、ある人物の身になってわがことのように、また、わきからそれらの人物をながめるようにさまざまに《共体験》させます。

この《たしかめよみ》に一番多くの時間をかけます。

ここで大切なことは、《ねらい》に沿って切実な文芸体験をするために視点をふまえたイメージ化や表現方法、文法をきめ細かく血の通った形で学ばせることです。

## ◇《まとめよみ》の段階

《まとめよみ》では、《たしかめよみ》で学んだことをふまえて、人間の真実やものごとの本質・価値・意味（思想）をとらえさせます。また、作品から自分にとっての意味を見つけること（典型をめざす読み）、作者が作品世界や人間を表現している方法（虚構の方法）を学ぶことが課題になります。

## ◇《まとめ》の段階

《おわりのかんそう》を書かせたり、発表させたりして、学習をしめくくると同時に、《つづけよみ》などをして、関連づけて実践したい学習への橋渡しをします。

《だんどり》から《まとめ》までの指導＝学習過程で大事にしたいことは、授業の《ねらい》を一貫させることです。

# 7 読書指導について

## ◇読書の目的

読書には知識を豊かにするというほかにも大切なことがあります。それは、「人間観・世界観を学ぶ」ということです。

## ◇文芸の授業と読書の関係

読書指導の基礎になるのは、教師と子どもの集団で、確かさをふまえた、豊かで深い読みをする文芸の学習です。この中で子どもたちに文の本質、構造、方法などの基本的な知識を与え、あわせて文芸の正しい、豊かな読み方に習熟させます。そうすることによって意欲も生まれ、進んでさまざまなジャンル、テーマ、思想をもった作品に幅広く出合うことができるのです。深く学び広く読むことが、のぞましい読書指導です。

## ◇つづけよみ

ある観点でいくつかの作品を関連づけることによって、深い思想を生み出すことが期待できます。幼児や小学校の段階でも、授業の展開として絵本や短い作品数冊程度で《つづけよみ》させることができます。

《つづけよみ》では、同じ作家の作品を続けて読むことが多く見られます。一人の作家の世界をひとまとまりに知ることは、多くの作家の作品をばらばらに数多く読むということとは違った大きな意味があります。作家の考え・思想を深く学ぶことができます。

《つづけよみ》には、表現方法に着目して作家の共通する特徴をつかむ読み方もあります。同じ作家の場合、作品は異なっても、どこか共通する表現方法があります。構成や表現の仕方から作家の思想に近づくこともできます。小学校高学年にならないと難しいでしょう。

### ◇くらべよみ

《つづけよみ》の中に《くらべよみ》という方法があります。異なる作家が書いた作品で、題材やテーマが同じであっても違う考え方・切り口・表現方法（文体）をもった作品を比べながら読むやり方です。いくつかの作品の似ているところ、違うところを比べながら読むことにより一つひとつの作品では見えなかった深い意味を読みとることができます。

### ◇典型をめざす読み

作中の人物と自分とを重ね合わせて考える読みです。主人公の生き方と比べて自分をふり返る読み方をすることです。また、作品に描かれた状況を読者が生きる今日の状況と重ねることも必要です。

## ◇読書記録

読書記録は、読書量を競うというより《つづけよみ》をして、考えを深めた自分のための記録です。

## ◇親子読書

経験の違う人と一つの作品を読み、とらえ方の違いを学ぶということもありますが、家族のつながりを深めることにも役立ちます。

# 第三章

# 二年の国語で何を教えるか

# 1 「ふきのとう」（くどう　なおこ）

## ◇みんな人物として登場している

「ふきのとう」は、散文詩といってもいい、詩的文章です。工藤直子さんは、子どものためのすぐれた詩や童話を書いている方です。

さて、この教材では、どういうところに目をつけていけばいいのでしょうか。くり返し（**類比**）と**順序**と**わけ**（**理由**）、この三つが中心になります。

まず**類比**があります。もちろん、**対比**もありますが、中心は類比です。それから**順序**についても見ていきます。順序といっても、むしろプロセスとか展開、つながりについてです。**比較・順序・理由**という三つの課題がうまくからみ合った形で出てきています。

〈……竹の　はっぱが、

「さむかったね。」

「うん、さむかったね。」

と　ささやいて　います。〉

竹が**人物**として出てきています。竹、雪、ふきのとう、お日さま、こういった春の風物が全部、人物として登場しています。これはけっして擬人化ではありません。よく国語関係の指導書、研究書、実践記録など読んでいますと、擬人化という用語が使われています。しかし、これは擬人化ではなく、人物として出ているのです。

〈「さむかったね。」〉とささやいていることを、擬人化だと考えてはいけません。人物として、とり扱うべきです。

## ◇わけ・理由・原因を引き出す語に注目

冬のなごりのある頃、ちょうど二年生がこの教科書を手にとる四月のはじめというのは、地方によっては、まだ雪が残っているところもあるでしょう。

さて、その竹やぶのそばのふきのとうが、芽を出そうとするのですが、雪があるために芽を出せません。頭を出せません。それに対して、雪が、言います。

〈「わたしも、早く　とけて
　水に　なり、とおくへ　いって
　あそびたいけど。」〉

〈けど〉で科白が終わっています。「けど、どうなんだ。」というと、そのあとがありません。そこは、「けど、とけることができないので、あそびに行くこともできないんだ。」と言いたいのです。そのあとに、

〈「竹やぶの　かげに　なって、
　お日さまが　あたらない。」〉

と、残念そうに言います。このせりふに「でも」ということばを補うといいでしょう。「遊

びたいけど、でも、竹やぶのかげになって、お日さまがあたらない。だから、自分もとけて水になれない。」ということです。

　ここでは、**わけ・理由・原因**を押さえた読みをさせますが、その場合に、〈けど〉ということばに注目させます。

「でも」ということばはありませんが、〈「(でも) 竹やぶの　かげに　なって、お日さまがあたらない。」〉と読むような読み方を指導してください。「けど」「でも」と書いてある、書いていないにかかわらず、**わけ**を考える力を育てるためには、ここでは「けど」「でも」「だから」ということばをとりたてて指導していくことが必要です。

## ◇なぜ〈わたしたちも〉なのか

さて、それに対して竹やぶが、

〈「すまない。」〉

と言っています。

〈「わたしたちも、ゆれて　おどりたい。　……」〉

というのは、前のふきのとうや雪たちが「あそびたい。」「頭を出したい。」「外を見たい。」と言い、雪も「とけて、とおくへ行ってあそびたい。」と言っていることと、同じ流れの中で思いを語っています。**類比**になっています。

〈わたしたちも、ゆれて、おどりたい〉と言っても、前に「おどりたい」ということばがあるわけではありません。前の雪もふきのとうも、「おどりたい。」と言っているわけではないのに、なぜ〈わたしたちも〉となるかというと、雪にもふきのとうにも「春になったら、春の気分を味わって思いきりのびのびしたい。」という共通の気持ちがはたらいているからです。

## ◇「もし……すれば」の文型を押さえる

〈「……ゆれて　おどれば、雪に　日が　あたる。」〉

「もし……すれば」というのは**仮定**といいますが、「……すれば」「もし……ならば」という**仮定**という考え方（認識の方法）は、三年生になるととりたてて指導することになります。しかし、教育というのは、三年生になって突然やるのではなくて、二年生の段階から少しずつ小出しにしていき、積みあげていくものです。〈ゆれて　おどれば〉「もし、ゆれておどれば」のように、「もし……すれば」という**文型**を、ここでしっかり押さえなくてはいけません。

〈「……ゆれて　おどれば、雪に　日が　あたる。」〉

ということは、今は雪に日があたっていないことが前提になっています。そして、そのあとに〈でも〉とあります。

〈「でも、はるかぜが　まだ　こない。……」〉。

なぜそうかというと、〈はるかぜが　こないと、おどれない〉のです。はるかぜが吹いてきてはじめて、風で竹やぶがゆれる、ゆれておどるということになるのです。ここをしっかり押さえておいてください。

## ◇わけを表す「だから」「そこで」

さて、そのあとに、

〈空の　上で、お日さまが　わらいました。

「おや、はるかぜが　ねぼうして　いるな。……」〉

とあります。次に「だから」ということばを入れると、〈「(だから)竹やぶも　雪も　ふきのとうも、みんなこまって　いるな。」〉となります。〈「……みんな　こまって　いるな。」〉というのは、春だから、のびのび遊びたい、行きたい、おどりたい、それなのにそれができないということですから、「だから」という、わけを表すことばを補うとよくわかります。それに、悪意でしているわけではないのに、相手の願いをはばんでいることも〈こまっている〉ことなのです。

〈そこで、南を　むいて　言いました〉

「そこで」というのも、**わけ**を表すときに使う言い方です。「それで」と同じような意味です。

〈(そこで、)「おうい、はるかぜ。おきなさい。」〉

ということになります。

## ◇前半と後半を比べて読む

お話が逆転しているところまでが前半です。その後が、後半と言っていいでしょう。前半は、みんなが困っている状態がずっと書かれていました。しかし、ものごとが逆転して、すべてが八方めでたしになっていきます。このような意味で前と後ろが対比になっているのです。ですから、ここを境にして、前半と後半を比べて読ませ、考えさせる指導が必要になります。

〈お日さまにおこされて、／はるかぜは、大きな　あくび。／それから、せのびして　言いました。〉

〈「や、お日さま。や、みんな。おまちどお。」

はるかぜは、むね　いっぱいに　いきを　すい、

ふうっと　いきを　はきました。〉

〈はるかぜに　ふかれて、

竹やぶが、　ゆれる　ゆれる、おどる。〉

この、〈ゆれる　ゆれる　おどる。〉というリズムが大事です。非常に楽しいリズムです。

それにつれて、

〈雪が、とける　とける、水に　なる。〉

――水になって遠くへ行って遊ぶということになるのです。そこで、雪がとけて水になったために、

〈ふきのとうが、ふんばる、せが　のびる。

ふかれて、

ゆれて、

とけて、
ふんばって、
――もっこり。
ふきのとうが、かおを
出しました。
「こんにちは。」
もう、
すっかり　はるです。〉
はずみのあるリズムが、春の喜びを表していることをしっかり、指導してください。

## ◇何をどう指導するべきか

二年で大事なことは、様子と気持ちの二つに目をつけることです。また、読むときに、続けるところと区切るところに気をつける指導が大事です。それから、ときには様子を動作で表すこと、つまり、ことばと動作を結びつけることも大事なことです。

「まだ」「もう」という、時間に関わることばが出てきたら、そこにも注意してください。

この教材は、すべての者・物はつながりあっているからこそ、たとえ悪意でなくても、その中のひとつが眠っていると、みんなが困るという世界観・人間観を学ばせるものです。

（西郷竹彦）

## ❷今週の　ニュース

日常的な「書く」活動の例示です。朝の会などで「今日のニュース」コーナーを設けて「話す」活動と関連させるといいでしょう。〈「こんなことがニュースになります。」〉とあって、〈した　こと／見た　こと、見つけた　もの／きいた　こと〉と題材（作文・話題のタネ）の広がりを指示しています。生活科との関連で、「生き物見つけたよ」「自然のおたより」などを実践している低学年の先生も多いと思います。そのような活動と関連させることが大切です。

（上西信夫）

## ❸「たんぽぽの　ちえ」（うえむら　としお）

### ◇読者の疑問に答える「わけ」

はじめに〈春に　なると〉とあって、次に〈二、三日　たつと〉と続き、〈たんぽぽの　花の　じくは、ぐったりと　じめんに　たおれて　しまいます。／けれども、たんぽぽは、かれて　しまったのでは　ありません〉というので、「では、いったいどうしたんだろう。」と読者は思うでしょう。

そこで次に〈花と　じくを　しずかに　休ませて、たねに、たくさんの　えいようを　おくって　いるのです〉と、読者の疑問に答えて、「**わけ**」を言っています。〈こうして、たんぽぽは、たねを　どんどん　太らせるのです〉と続きますが、これは、「二、三日たって、じくが地面にたおれる」ということがらに対して、「なぜ、そうなるのか」というわけを説明しているところです。こういうところがわからなくてはいけません。

この説明を聞いて、「ふうん、たんぽぽは、ちえがあるんだな、かしこいな。」と読者は思うことでしょう。

〈やがて〉という時間の経過を表すことばがあります。〈やがて、花は　すっかり　かれて、その　あとに、白い　わた毛が　できて　きます。／この　わた毛の　一つ一つは、ひろがると、ちょうど　らっかさんのように　なります〉。〈らっかさんのように〉というのは**比喩**です。これは「たとえ」であることを押さえます。この説明文の中には、「たとえ」が大変有効に使われています。

## ◇説明の文末表現

次の〈たんぽぽは〉というところから、また**わけ**が書かれています。わけを表している文は（　）でくくらせ、わけを表す大事なことばには、〈(たんぽほは、この　わた毛に　ついている　たねを、ふわふわと　とばすのです。)〉というように傍線「—」をつけさせてください。ここも、「のです」と、**説明の文末表現**になっています。綿毛が落下傘のようになるわけは、種をふわふわ飛ばすためだということです。

〈この　ころに　なると〉と、また時間の経過を表すことばがあります。〈この　ころに　なると〉というところに傍線を引いてください。

次に〈なぜ、こんな　ことを　するのでしょう〉と、問いかけ・疑問があります。これは読者に「そういえば、なぜだろうなあ。」という疑問、興味、関心をもたせる**仕掛**になっています。それに対して、また、〈(それは、せいを　高く　する　ほうが、わた毛に　風が　よく　あたって、たねを　とおくまで　とばす　ことが　できるからです。)〉と「わけ」を言っています。ここも（　）でくくってください。「から」というのは「わけ」を表すときの言い方ですから、〈それは……からです。〉というところまでが、「なぜ」に対するわけになっています。

さて、〈よく　晴れて、風の　ある　日には〉とあります。ここに傍線を引いてください。晴れた日には、わた毛は、いっぱいにひらいて飛んでいくことと**対比**的に、今度は〈でも、しめりけの　多い　日や、雨ふりの　日には〉とあります。〈でも〉のところにも傍線を引いてください。〈すぼんで　しまいます〉の次に、すぼんでしまう「わけ」が書かれています。〈(それは〉というところから、また（　）に入れてください。〈(それは、わた毛が　しめって、おもく　なると、たねを　とおくまで　とばす　ことが　できないからです。)〉ということです。

ここでは、晴れた日としめった日を対比して扱い、どちらにも、そのわけが書いてあります。「なぜ」という疑問に対して、その**理由**が答えになっています。「からです」という文末表現を大事にしてください。

## ◇説明のまとめ

〈このように〉というのは、今までのところをまとめた言い方です。いろいろなちえが、いくつか出てきました。

〈たんぽぽは、いろいろな　ちえを　はたらかせて　います〉の次が、また、わけになっています。読者には「なぜ、こんなことをするのか。」という疑問が起きてくるでしょうから、それに対して〈(あちらこちらに　たねを　ちらして、あたらしい　なかまを　ふやして　いくのです。)〉と「わけ」を答えています。「ああ、そのために、こんないろいろなちえをはたらかせているんだな。でも、なぜ、こんないろいろなちえをはたらかせるのだろうか。」という疑問がさらに読者に起きてくると思います。それは、遠くまで種を散らし、仲間をふやすためだからです。

## ◇多くのちえ

たんぽぽの花のじくについて言いますと、じくの中は、中空になっています。中空になっているために中の気圧を下げると倒れます。中の気圧を上げるとすっと立ちます。そうやって寝たり、立ったりします。なかなかうまくできています。

また、落下傘のような綿毛ですが、あの綿毛は、風が吹くと飛んでいきます。実際に綿毛を吹かせてみてください。そうすると、そうっと吹くと飛びません。「強く、ふうっと吹かないと飛ばないのは、なぜか。」というわけを考えさせてみてください。そっと吹く弱い風で飛ぶとその辺に落ちてしまうからです。ですから、強い風が吹いたときにだけ綿毛が飛ぶのでなければ、全部近くに落ちてしまい、遠くへ種を飛ばすことはできません。これは、わけを考える問題です。

たんぽぽは身近にありますし、観察をさせることもできます。科学的な教育という点からもおもしろい教材だと思います。たんぽぽの花のじくは、周りに他の草が生えていないと短くなります。周りに背の高い草が生えていると、長くなります。要するにこれも〈たんぽぽのちえ〉の一つに入ると言っていいでしょう。

綿毛の下には、種がついています。その種にトゲがあります。そのトゲは上向きについています。それは、なぜでしょうか。種は飛んで行って地面に落ちますと、トゲがないとまた、風に吹かれて飛んで行って、いつまでもきりなく飛んでいくことになります。飛んで行って、その辺の草や土に落ちますと、今度風が吹いてきて引っ張られてもトゲがそこに刺さり、引っかかって飛ばないようになっているのです。

そういうものも、ひとつの「ちえ」と言っていいでしょう。調べると、いろいろなちえがあります。それから、根が非常に深いこともちえのひとつです。茎が短いため、人に踏んづけられても、長い根があるので、来年、再来年もまた、何回でも葉っぱを広げて、出てくるという生命力旺盛な草なのです。

（西郷竹彦）

## 【「たんぽぽのちえ」（一～三段落）たしかめよみの指導案例】

| ねらい | てがかり | てだて |
| --- | --- | --- |
| ○たんぽぽのたねを太らせるちえをつかませる。 | ①〈春になると……黄色いきれいな花がさきます。〉<br>↕ 対比<br>②〈二、三日たつと、……花はしぼんで、だんだんくろっぽい色にかわっていきます。〉 | ○一段落と二段落のたんぽぽの様子を比べましょう。<br>・きれいな花だったのにかれていっている。<br>・元気だった花のじくが弱ってきている。<br>○たんぽぽは、どうなるのでしょう。<br>・たんぽぽは、弱っていって死んでしまう。 |

〈花のじくは、ぐったりとじめんにたおれて　しまいます。〉

↔ 対比

③〈けれども……かれてしまったのではありません。〉

〈花とじくを……休ませて……たねにたくさんのえいようをおくっているのです。〉

〈こうして、たんぽぽは、たねをどんどん太らせるのです。〉

・きれいな花がかれてしまう。

※〈しまいます〉にそうなってほしくないという筆者の思いがある文末であることをわからせる。

○〈けれども〉があると前と後はどうなるのでしょう。

・二段落←けれども（対比）→三段落

○たんぽぽのちえを見つけましょう。

・花のじくがたおれたのは、たねに栄養を送っているからです。

・たねをどんどん太らせるために、自分でたおれるのは、すごいちえだ。

・たおれているように見えたのは、休ませるためのちえだとわかった。

※〈のです〉は強調する文末になっていると同時に、わけ（理由）を表していることに気づかせる。

## 【「たんぽぽのちえ」（一～三段落）たしかめよみの板書例】

たんぽぽのちえ　うえむら　としお

**めあて**　どんなちえが、たんぽぽにあるのか。

黄色いきれいな花 ←→ **たいひ**

花……しぼんで

だんだんくろっぽい色に

かわっていきます。

花のじく…ぐったりと

たおれて　しまいます。

←→ けれども（**たいひ**）

かれてしまったのではありません。

（それは）花とじく…休ませて

えいようをおくっているのです。

たねをどんどん太らせるのです。

**わけ**

たんぽぽのちえ①…たおれてたねを太らせる。

ひっしゃのちえ…どくしゃをびっくりさせるしかけ　たいひ。

・かれてしまう
・よわっている
・しんでしまう
・かわいそう
・どうなるのだろう
・よくかんがえているな
・すごいな
・ちえがある

## ❹かんさつ名人になろう

### ◇「生きる」に観点を決めて

〈ていねいに　かんさつして　きろくをしよう〉という言語活動例が示されています。観察記録をつけるという言語活動をしていれば、ことばの力が育つとでも考えているのでしょう。観察で大切なことは、何のために観察するのかという**目的**であり、次に、どこを観察するかという**観点**を明らかにすることです。

ここでは、ざりがに、かたつむり、ミニトマトを観察しています。つまり、観察文の題材が、ざりがに、かたつむり、ミニトマトということになります。ざりがにを観察するときに大事なことは、観点です。たとえば、皆さんがデパートに行って、セーターを買うとします。そのとき、**目のつけどころ**があるでしょう。目のつけどころが、観点です。生地、柄、デザイン、値段といった目のつけどころがあります。また、作業着であるか外出着であるかという使う目的によって衣類の種類が違えば、目のつけどころが違ってきます。つまり、すべて観察は、観点を決めないといけないのです。

### ◇生きる条件

ざりがにを観察するとき、どこを観察するかという観点をもつことがまず大切です。どこに目をつけるか、どこは見なくてもいいかということです。ざりがには、生き物です。生き物は、生きるためにまずえさをとることが必要です。次に身を守るということ、さらに子孫を残すことが必要です。

「のびるのびる」というかたつむりの観察文には、えさをとるという観点が示されています。継続して観察記録をとることは、観察文の落としてはならないところです。かたつむりがえさをとることと落ちないように身を守ること、つまり生きるということの本質が書かれています。観点を決めて生き物を見るということは、生き物だからこそどこを見るかということであり、ここでは、えさをとるということと身を守るということとにしぼって見るのです。

ミニトマトの観察記録は、継続して観察することで変化に気づかせます。植物にとって成長するということは、花を咲かせ実・種をつけることです。仲間を増やすということに関わるところこそ気づかせたい内容です。花＝美しい、実＝食べるものという既成概念をゆさぶりたいと思います。

〈よくかんさつしているな、じょうずに書けているなとおもったところを、ともだちにつたえましょう〉という課題が最後にあります。ただ詳しく書いているというだけではなく、生きるという本質―食べる・身を守る・子孫を残すということとかかわっているかどうかという視点こそ大事にしたいと思います。

## ◇観察は手段

観察というのは、それ自体が目的ではなく、観察することで、何かをわかることが目的です。ざりがにとは何かという本質がわかるために観察するのです。改訂学習指導要領で言語活動例が示されていますが、言語活動自体が目的になっているということが問題です。見ることは、見る対象の本質をつかむための方法・手段です。そのいい例が、「どうぶつの赤ちゃん」や「たんぽぽのちえ」という説明文です。ある**観点**があって、その観点にそって書かれています。どこを見るか、どこを見なくていいかということになります。このことをしっかり押さえることが大切です。

観察文というのは、ただ観察すればいいということではありません。観察したことについて、なぜそうなのだろうと**わけ**を考えます。わからなければわからないなりに、多分こうだろうと**推理**して書くことが観察文には必要なことです。この机は、縦が何センチ、横が何センチ、脚がこうだ云々とただくわしく観察すればいいというものではありません。道具としての机は、使いやすいという観点で見ると、上の面積や高さが使うために適当なものであるとか、そこをしっかり観察しなければなりません。

観察において大切なことは、まず何を観察するのかという観点をもつことです。次に、ただ生き物を観察しておもしろいな、不思議だなと思ったところを書くというだけでなく、おもしろくなくても、不思議でなくても、なぜそうなのかというわけを考えることです。

（この項は、旧『ハンドブック低学年』所収の「生きものかんさつカード」に一部書き加えたものです。

（上西信夫）

## 5「いなばの　白うさぎ」（なかがわ　りえこ）

〈先生に読んでもらって、おはなしをたのしみましょう。〉とあります。神話については、改訂前からいろいろ批判され、議論のあったところです。新教育基本法のねらいが如実に現れているといっていいでしょう。教科書会社編集部の苦労が垣間見られます。神話を掲載しないと教科書検定を通らないのですから……。数社が「いなばの白うさぎ」を採用したのも苦肉の策だったのでしょう。その政治的意図には十分留意しながら、読書教材扱いとして済ませることが現実的な対応かもしれません。次ページにある地域に伝わる民話や昔話の紹介に力点をおくのもいいでしょう。

（上西信夫）

## 6ともこさんは　どこかな

「だいじな　ことを　おとさずに、話したり　聞いたり　しよう」とは、情報についての教材です。〈まいごのお知らせ〉をするために大切なことは、要するに「必要にして十分なことは何か」ということ、「確かな情報とは何か」ということです。迷子になっている人物を特定するために、何が必要かと言うと、まず〈やまむらともこさん〉という「名前」、〈四さいの　女の子〉という「年令」と「性別」です。さらに「着ている衣服」〈青い　ワンピース〉、〈白い　ぼうしを　かぶ〉っている〈うさぎの　ぬいぐるみを　もって〉いるなどという、その子を特定するのに必要な特徴です。他の四才の女の子とは、違うところをとりたてて言っています。これらは、どこに目をつけるか、目のつけどころになっています。人物を特定するためには、目のつけどころ、つまり**観点**をもつことが大切だということが指導のポイントです。

たとえば、「何も知らない人に学級の子どものなかから、山田太郎君を見つけるためには、どんなことを教えてあげたらいいのかな。」という練習をすればいいのです。そうすると、肥った子だとか、やせた子だとか、髪の長い、顔が丸い子であるといった身体の特徴なども出てくるでしょう。差別的になってはいけませんから、そこは、注意をする必要があります。

（西郷竹彦）

## ❼同じ　ぶぶんを　もつ　かん字

これは読めばわかりますが、漢字の書き順も大切です。ここで一つ問題になるのは、横書きの場合の書き順は、まだ、確立されていないところがあります。今は、縦書きの書き順のままで、横書きをします。いずれは、横書きが非常に多くなります。そうすると横書きのときの筆順はどういう筆順がいいのかということも部分的には出てくると思います。ここにあるのは、縦に書くということを前提にした書き順なのです。同じ部分をもつ漢字に目をつけるというのは、つまり、**類比**することです。似たようなところをとり出して比べることは、類比することです。「へん」や「つくり」を**比べて同じところを見る**ということです。

（西郷竹彦）

## ⑧「スイミー」（レオ＝レオニ　作／たにかわ　しゅんたろう　訳）

### ◇表現の特徴　常体・体言止め・倒置法・比喩

「スイミー」については、すでにくわしく書かれた文芸研の本（『文芸研教材研究ハンドブック⑯「スイミー」』明治図書）がありますから、そちらを参考にしていただくことにして、大事なところだけを話していきましょう。

これは翻訳です。「作《さく》・訳《やく》」ということが出てきますから、はじめにこのことを教えてほしいと思います。「レオ＝レオニという人はイタリアの人で、こういう外国の人の書いたものを日本のことばになおしたものを訳というのだよ。」というように。

さて物語は、これまでは敬体で書かれたものでしたが、「スイミー」ははじめて常体で書かれた物語です。ですから、常体の指導をここでします。「たのしく　くらしていました」ではなく〈くらしていた〉になっています。それから、〈みんな　赤いのに、一ぴきだけは、からす貝よりも　まっくろ。およぐのは、だれよりも　はやかった。／名前は　スイミー。〉と体言止めになっています。「名まえは　スイミーです。」ではなくて〈スイミー。〉〈にげたのはスイミーだけ。〉という終わり方です。この文章の表現の特徴として、常体であることと、そういう中止形の形、また、倒置法がたくさん使われていることにまず目をとめてほしいと思います。

## ◇程度を表す〈たとえ〉

この後に、独特な比喩がたくさん出てきますから、これにも目をつけてください。

〈みんな赤いのに、一ぴきだけは、からす貝よりも　まっくろ。〉は、「たとえ」（比喩）です。たとえのなかの「程度を表すたとえ」です。黒さの程度が、「からす貝よりずっと黒い」という意味です。他には、スイミーがからす貝と似ているところはどこもありません。要するに色の程度がより黒いということを言っている「たとえ」なのです。〈うなぎ。かおを　見る　ころには、しっぽを　わすれて　いるほど〉も「程度を表すたとえ」です。それほど長いということを言っています。後は、「様子を表すたとえ」です。〈ゼリーのような〉や〈水中ブルドーザーみたいな〉という、〈ような〉や〈みたいな〉という言い方だけでなく、〈見た　ことも　ない　魚たち。見えない　糸で　ひっぱられて　いる。〉も、「見えない糸でひっぱられているようだ」ということですから、やっぱりこれも「たとえ」です。ここは、たとえのオンパレードです。

## ◇本質を表現した比喩

〈……おそろしい　まぐろが、おなかを　すかせて、すごい　はやさで　ミサイルみたいに　つっこんで　きた〉というところにある〈ミサイルみたいに〉は、まぐろの形や色、そのすごい速さをたとえています。しかし、それだけではありません。ミサイルといえば私たちの生活、平和をいっぺんに破壊してしまう、おそろしいものです。そういうものをもたとえているのです。まぐろの様子だけではなくて、まぐろの本質をも比喩しているということが大事です。本質は「〜にとっての本質」「〜としての本質」といいますが、平和に暮らしていたスイミーたちにとって、まぐろの本質は、おそろしいミサイルのようなものなのです。〈ミサイルみたいに〉という比喩が、まぐろの本質を見事に表現しています。本質を表現した比喩です。しかも、スイミーの**視点**からの比喩なのです。

## ◇関係を関係で関連づけるたとえ

それから、〈まぐろ〉のたとえについて、二年生に指導する必要はありませんが、教師が心得てほしいことがあります。〈ある　日、おそろしい　まぐろが、おなかを　すかせて、すごい　はやさで　ミサイルみたいに　つっこんで　きた〉という「たとえ」は、〈まぐろ〉をミサイルでたとえているというように、〈まぐろ〉と〈ミサイル〉を直結してはいけないのです。

「たとえ」は、どういう**関係・構造**をもっているかを説明しておきます。〈スイミー〉と〈まぐろ〉の関係は、人間の語り手、聞き手、読者にとっては、ミサイルみたいなものだということです。〈ミサイル〉と語り手、人間との関係です。これは、**「関係を関係で関連づけるたとえ」**になっています。ここをしっかり頭においてほしいのです。このお話は、語り手がスイミーの目と心に寄りそって語っています。スイミーの**視角**から語られている話です。語り手の《外の目》がスイミーの《内の目》に寄りそっています。これを「スイミーという人物の視角から語っている」と言います。そういう形でずっと話が進められています。スイミーにとっては、ミサイルは、見たこともない知らないものです。ですから、スイミーは、まぐろをミサイルみたいと思っているのではなく、ただ、すごくおそろしいものとまぐろを見ているのです。そのスイミーにとっての〈まぐろ〉という存在は、語り手、聞き手である人間にとっては、ミサイルみたいなものだということです。これが、「たとえ」なのです。比喩は、読者、聞き手が知っているものをもってきて、たとえます。聞き手・読者は人間です。スイミーは、**人物**の魚です。そこを混同しないようにしてください。これが、正しい比喩のとらえ方です。そう考えますと、〈にじ色の　ゼリーのような　くらげ〉もそういう関係になっています。スイミーは、ゼリーは知りません。また、水中ブルドーザーも知りません。ドロップなども知りません。もちろん、ヤシの木は見たこともないでしょう。これらの全部は、そのときのスイミーの目と心で感じたことです。たとえば、クラゲは怖いものではなく、ひとりぼっちになったスイミーにすれば、すべてが美しい、すばらしい、おもしろいものに見えてきます。そのことを語り手が聞き手の人間の子どもが知っているものをもってきてたとえているのです。そういうふうに考えてください。

## ◇虚構の方法としての比喩

もう一つ大事なことがあります。この物語は、海の世界の物語です。海の世界の魚たちの話ですから、たとえばミサイルみたいに突っ込んできたときの「たとえ」は、もう一つの大事な役割をもっています。この話に語られている現実は、海の中の魚の話です。ところが、ここにたくさん出てくる比喩は、人間の世界の「たとえ」です。その意味していることは、海の世界の物語であると同時に人間の世界の物語という**二重性**をもっているということです。これは、**《虚構》**ということです。この物語が《虚構》であるというのは、海の魚の話という現実をふまえて、現実をこえて人間の世界の話でもあるということになります。ですから、この話は、人ごとではなく自分たちの世界の話ということになります。読者は、自分の問題として考えることになります。これを「**虚構の方法としての比喩**」と言います。

説明のための、説明方法としての比喩というのではなく、「**虚構の世界**」をつくるための方法としての比喩です。魚の世界の話であると同時にそれをこえて人間の世界の話でもあるという二重性をもってきます。二重性をもってくるという**比喩の構造**になっています。

## ◇強調の方法としての倒置法

さて、〈スイミーは　およいだ、くらい　海の　そこを。〉は、倒置法です。倒置法は〈海の　そこを〉の後に〈およいだ。〉ということばが続いている感じの文章になります。〈およいだ〉ということばが二回くり返されるように感じられます。そのため、強調のはたらきをしていることになります。

〈こわかった。さびしかった。とても　かなしかった〉は、**変化をともなう反復**です。ひとりぼっちになってみてはじめて、孤独であることの怖さ、さびしさ、悲しさをスイミーは体験します。このことが伏線になって、最後の場面とひびき合う関係をつくり出します。スイミーが「仲間と一緒に暮らしていこう。そして、集団を組織してまぐろを追い出そう。」と決意するのは、孤独である怖さ、さびしさ、悲しさをいやというほど体験したからです。

## ◇独特で見事な比喩表現がくり返される

〈けれど、海には、すばらしい　ものが　いっぱい　あった。おもしろい　ものを　見るたびに、スイミーは、だんだん　元気を　とりもどした〉とあり、〈すばらしい　もの〉〈おもしろい　もの〉が、この後ずっと具体的に比喩表現を使って、くり返し書かれています。〈にじ色の　ゼリーのような　くらげ。／水中ブルドーザーみたいな　いせえび。〉というように、体言止めの形で、独特な比喩表現が出てきます。これらは「すばらしい」というイメージと

「おもしろい」というイメージを表している比喩だと、押さえていく必要があります。ここは、話者が、スイミーの目と心に寄りそって語っています。ですから、〈にじ色の　ゼリーのような〉という表現で、「すばらしい」とくらげを見ているのは、他ならぬスイミーです。くらげというと、一般には「さされると痛い」というイメージがあるのですが、ここでは〈にじ色のゼリーのような　くらげ〉は「美しいなあ、すばらしいなあ。」というものとして表されています。

〈水中ブルドーザーみたいな　いせえび〉は、「おもしろそうだなあ。」ということをたとえたものです。ブルドーザーが動いて仕事をする姿を見て子どもは喜びます。読者を意識した比喩になっています。見たこともない魚たちが〈見えない　糸で　ひっぱられて　いる〉も比喩です。見えない糸で引っぱられているみたいで、何か仕掛のある人形芝居を見ている感じです。「おもしろい。ふしぎだなあ。」と感じる場面です。〈ドロップみたいな　岩から　生えている、こんぶや　わかめの　林。〉は、「ドロップみたい」とあるので、「なめたら甘いだろうな。」という感じを読者は受けます。〈かおを　見る　ころには、しっぽを　わすれて　いるほど　ながい〉うなぎという比喩も、おもしろいです。〈もも色の　やしの　木みたいな　いそぎんちゃく。〉は、美しさ、すばらしさを表現したたとえです。いそぎんちゃくは、魚たちにとっては、ある意味では怖いものなのです。けれどもこのときのスイミーの目から見ると、大変に美しい、すばらしいものとしてあるのです。先ほどもふれましたが、そのように話者がスイミーを通して語る世界を読者は感じているのです。

ここでくり返し比喩を使って表現されているのは、前に出てきた〈海には、すばらしい　ものが　いっぱいあった〉というおもしろいものを具体的に表したものです。

このように、前後のことばをひびき合わせて、読んでいくことが大事です。

## ◇スイミーの願い

さて、次の場面に入ります。〈その　とき、岩かげに　スイミーは　見つけた、スイミーのと　そっくりの、小さな　魚の　きょうだいたちを。〉とあります。ここでは、「スイミーとそっくり」ではなく、「スイミーのきょうだいたちとそっくり」の小さな魚のきょうだいを見つけたということです。ここも倒置法になっています。

スイミーは〈「出て　こいよ。みんなで　あそぼう。おもしろい　ものが　いっぱいだよ。」〉と、今自分が見てきた世界のすばらしさをみんなに話しています。ところが、小さな魚たちは〈「だめだよ。大きな　魚に　たべられて　しまうよ。」〉と言って出て来ようとしません。〈「だけど、いつまでも　そこに　じっと　して　いる　わけには　いかないよ。なんとか　考えなくちゃ。」〉と、スイミーは考えます。

スイミーは、なぜみんなに呼びかけて出て来させようとしたのでしょうか。自分だけがすばらしい世界にいてもつまらない、孤独であることのむなしさというものを体験しているスイミーだからこそ、みんなと一緒にすばらしい世界を生きていきたいという願いをもっているからです。

## ◇命がけの経験をした後で

〈スイミーは　考えた。いろいろ　考えた。うんと　考えた〉。これは、**変化発展する反復**です。〈いろいろ考え〉るというのは広く考えるということ、〈うんと考え〉るということは深く考えるということです。ここには考えることの発展があります。

そこで突然スイミーが〈「そうだ。みんな　いっしょに　およぐんだ。海で　いちばん　大きな　魚の　ふりを　して。」〉と叫びます。どういうふうにするのか、スイミーはもちろん知っていますが、読者にはわかりません。「なぜ、どういうふうにして大きな魚のふりをするのだろう。」と疑問がわきます。ここは後の場面のきっかけになるところですが、どういうふうになるのだろうと読者に興味をもたせるような書き方（**仕掛**）にもなっています。

〈スイミーは　教えた。けっして、はなればなれに　ならない　こと。みんな、もちばをまもる　こと。〉このふたつは、集団で行動するときには非常に大事なことです。たくさんの魚たちが、まるで一匹の大きな魚のように一心同体になって泳ぎ、行動します。これは、離ればなれにならない、もち場、役目を守ることによってはじめて可能になります。

〈「ぼくが、目に　なろう。」〉と言ったのは、自分がえらいから目になろうと言ったのではありません。自分は黒いから、その黒さを生かして目になろう、と言っているのです。でも、読者からすれば、ただ黒いからというより、目の役割、つまり、ものごとを認識する・判断するという一番大事な役割がスイミーにはできると思えるから、「目になること」が、スイミーの本質を示しているように思えるのです。

〈あさの　つめたい　水の　中を、ひるの　かがやく　ひかりの　中を、みんなは　およぎ、大きな　魚を　おい出した〉とあり、また平和の世界がもどってきます。

## ◇対比してみると

さて、最初の場面と最後の場面を**対比**してください。五八・五九頁と最初の五〇～五三頁のところです。何がどう違うか**対比**して、なぜそうかという**理由**を考えてみてください。

はじめの場面も、〈きょうだいたちが、たのしく　くらして　いた〉とあって、平和なイメージです。最後の場面も、〈あさの　つめたい　水の中を、……おい出した〉とあり、平和な場面と言っていいでしょう。確かに、どちらも平和な場面と見ることができるけれども、前の場面は、いつおそろしいまぐろが襲ってきて、みな殺しになってしまうかわからない世界です。幸いスイミーだけは、助かりましたが、下手すれば、スイミーも食べられてしまっていたかもしれません。つまり、平和の保障がありません。それは、みんなが一つの組織された集団ではないからです。

ところが、後のほうは、平和が保障されています。みんなが、自覚した一つの集団として組織されています。自分たちの生活を守るという目的のために、自覚的に組織された集団によって、みんなの平和が保障されています。このように、前と後では本質的に違うのです。見かけでは、どちらも平和で楽しい姿がありますが、内実はまったく違うことがわかります。

## ◇理由づけてみると

それから、〈「出て　こいよ。みんなで　あそぼう。」〉のところは、どうして自分だけ一人で遊ばないで、みんなを誘って「みんなであそぼう。」と言ったのでしょうか。その**わけ**を考えてみてください。

それは、一人ぼっちになってはじめて、一人でいることがどんなことかをはっきり認識したからです。「きょうだいたち」が殺されて、暗闇の海の底を泳いだとき、〈こわかった。さびしかった。とても　かなしかった〉とあります。一人でいるということは、どんなに怖くて、さびしくて、悲しくて、つまらないことか身にしみてわかったのです。しかも、一人でいたのでは、いつまぐろに追われて命を落とすかわかりません。自分一人で自分の命を守るということは、不可能なのです。やはり、最後の場面にあるように、みんなと一緒に組織された仲間の一人として生きていくときに、はじめて、みんなとともに平和が保障されます。その中ではじめて自分の平和も実現できるのです。そのことを、スイミーは自覚し、認識したのです。

それだけではなく、スイミーは、一人になり孤独の境地に陥れられてはじめて、自分が今まで暮らしていた海の世界が、どんなにすばらしいものであったかを、あらためて認識したのです。たとえば、〈にじ色の　ゼリーのような　くらげ〉〈水中ブルドーザーみたいな　いせえび〉、うなぎ、魚、いそぎんちゃくが、いかにすばらしいかを再発見したのです。スイミーは、これまでにも海にいて、海の世界を、もちろん知っています。けれど、そのときには、自分の生きている世界が、こんなにすばらしいものとは認識していなかったのです。

皆さんもそうでしょう。毎日毎日暮らしているこの世界を、そんなにすばらしいと思ってはいないでしょう。しかし、仮に、皆さんが死刑の宣告を受けたとします。がんでも病気でもなんでもいいのですが、皆さんの命があと一月しかないとしたらどうでしょう。この世界が、どんなにすばらしいかということを、思い知るでしょう。毎日なんとなく暮らしていたこの日常が、いかに値打ちがある、いかにすばらしいものであったかをあらためて知ると思います。自分の人生が、いかにかけがえのないものであるかということを、知ると思います。私たちは、毎日毎日大体、のんべんだらりと生きています。昨日も、今日も、明日も変わりがない、というふうに日々が本当に平凡です。平凡ということが悪いというわけではありませんが、平凡を平凡にしか認識していないのではないでしょうか。平凡であるのだけども、その平凡さというものが、いかに貴重なものかということ、一日一日というのが、いかにかけがえがないかを、あまり自覚していないのではないでしょうか。

## ◇〈ぼくが目になろう〉意味づけ

ちょっと気になるのは、〈「ぼくが、目に　なろう。」〉と言ってスイミーが目になるところです。いろいろな教材研究を見ていて、中に、いばっているというふうな感じにとらえる人がいます。いばっているわけではありません。自分が黒いから、自分の**条件**を生かすにはそこしかないのです。これが、しっぽか何かについたら、おかしいでしょう。しっぽのどこか黒くなっていたら、ゴミでもついているか、汚れているかという感じになります。やっぱり目になるしかないのです。要するに、けっしてスイミー自身は、「おれが目になるぞ。」とうぬぼれて、いばって言っているのではありません。「僕は、黒いから、目になる。」というのです。〈もちば〉ということばがあります。〈もちば〉というのは、「自分の条件を生かせるところ」です。たとえば、学級でも、絵のうまい子、字のうまい子といろいろな子がいます。それぞれをそれぞれに生かす場を「もち場」と言います。だから、スイミーは、いばって〈「ぼくが、目に　なろう。」〉と言ったのではなくて、「ぼくは、黒いから目になるよ。」と、**条件**を生かそうとしたのです。

これは、スイミーはそう思っていることですが、読者がこれを**意味づけ**ると、目とは、魚の全体の中でリーダーシップをとるところとなります。スイミーは、すさまじい経験をして、同時に、世界はすばらしいところだから、それでみんなと一緒に生きていけば、平和に暮らしていけると自覚することができました。だから、スイミーはリーダーシップをとるにふさわしい人物だと読者は、意味づけることができるのです。〈「ぼくが、目に　なろう。」〉というのは、リーダーシップをとれるスイミーのもち場としてふさわしいと読者が意味づけることができるのです。本人が「おれは、やっぱり目になる。えらいんだぞ。」と言っているのではないのです。きちんと区別してとらえさせることが大切です。

## ◇どんな人間観・世界観を育てるか

「末期の眼」という芥川龍之介のことばがあります。川端康成も、そのことばを使って、「末期の眼」という文章を書いています。「末期」というのは、自分は「今はの際」、最期に立っているという立場に自分をおいてみれば、日常の世界が、非常に鮮烈にまざまざと見えてくる、目のうろこが落ちるということを言っています。要するに、ぼやっと見ていた世界が、実に鮮明に鮮烈に見えてくる、そういうふうな見方で、人間や世界を見て作品を書く、と言っているのです。「作家は、すべからく末期の眼をもって見るべし」と。

スイミーの認識も、一人になって、海の底の平凡な風景を見て、はじめてびっくりしたのです。いつも見ているけれど、ただなんとなく見ていたのです。それが、今、なんとすばらしいのだろう、なんとおもしろいのだろうと認識したのです。だからこそ、それをみんなに知ってもらいたいという気持ちと、みんなとともに生きていくのでなければ、自分の生活も平和も幸せも命も保障されないという認識となったのです。それで、〈「出て　こいよ。みんなで　あそぼう。」〉と言ったのです。そして、あのように集団を組織して、平和を保障することになります。小さな子どもの教材ですが、人間観・世界観を育てる教材といえるでしょう。（西郷竹彦）

【参考文献】　『文芸研教材研究ハンドブック⑯スイミー』（辻恵子著・明治図書）

## 【「スイミー」(一場面①②段落) たしかめよみの指導案例】

| ねらい | てがかり(板書) | てだて(主な発問、指示など) |
| --- | --- | --- |
| ○「平和」で楽しい世界像とすばしっこいスイミー像をとらえさせる。 | ・ひろい海<br>・たのしく　くらしてた<br>…明るい世界<br>・常体の文章(敬体と比べながら)<br>・からす貝より　まっくろ。<br>・およぐのは、だれよりもはやかった。<br>・名詞止め〈名前はスイミー。〉<br>…スイミー像 | ・どんな世界ですか。(すんでみたい?)<br>・スイミーは、どんな人物でしょう。 |

|  |  |  |
|---|---|---|
| ○平和そうだった世界が、すばやいスイミーしか生き残れないおそろしい世界だったことを対比して意味づけさせる。 | ところが<br>・たたみかける表現<br>・ミサイルみたいに<br>・にげたのは、スイミーだけ。<br>…暗いこわい世界 | ・ところがと言うと？<br>・ミサイルみたいと言うと、どんな感じでしょうか。<br>・スイミーになってみよう。<br>この世界に、また住んでみたいかどうかわけも入れてワークシートに書き、発表し合う。 |

## 「スイミー」（四場面前半⑦段落）たしかめよみの指導案例

**ねらい**

○スイミーの呼びかけ、教えによって、小さな赤い魚たちが変わったことをとらえさせる。

○目の意味を考えさせる。

○みんなが変わったことで、スイミーも「目になろう。」と言うよ

**てがかり（板書）**

前　小さな赤い魚たち
岩かげにかくれている
「だめだよ。……」

↕

今　みんな　（呼称の変化）
一ぴきの魚みたいに
およげるようになった。

変わったわけ
スイミーの呼びかけが
あったからこそ

・倒置による強調〈スイミーは言った。「ぼくが、目になろう。」〉

**てだて（主な発問、指示など）**

・〈みんな〉ってだれ？　前と比べてみよう。

・変わったのはなぜだろう。

（補助発問）もし、スイミーにあわなかったら？

・「目」とは、どういう役目か。

・スイミーは、目にむいているだろうか。

・「ぼくが、目になろう。」に続けて、スイミーになって言うとしたらどんなことを言うか。（ワークシートに書いて、発表させる。）

うになったことをとらえさせる。

スイミーに言ってあげたいことを書こう。（ワークシート）
スイミーに話しかけるように書き、発表し合う。

## 【「スイミー」（四場面後半⑧段落～まとめよみへ）の指導案例】

| ねらい | てがかり（板書） | てだて（主な発問、指示など） |
| --- | --- | --- |
| ○みんなで大きな魚を追い出した喜びを共体験させる。<br>○どんな世界になったか、はじめと対比してとらえさせ、平和な世界とはどんなものか意味づけさせる。 | ・あさのつめたい水の中を、ひるのかがやくひかりの中を、みんなはおよぎ<br>一場面<br>楽しくても、いつおそわれるかわからない。<br>見せかけの平和<br>こわい世界<br>ひとりひとりがばらばら<br>対比 ⇔<br>四場面<br>みんなでまもり、てきをおい出す。<br>本当の平和<br>安心してくらせる世界、みんなの心がむすばれてる世界 | ・スイミーたちになって、泳いでみよう。（動作化）<br>・だれがそう感じているのでしょう。（あさのつめたい～ひかりの中を）<br>・どんな世界になったでしょうか。（補助発問）はじめ（一場面）と比べてみよう。 |

## 【「スイミー」まとめよみの指導案例】

**ねらい**

・世界が変わったわけを考え、スイミーや仲間の変革を意味づけさせる。

**てがかり（板書）**

（前半までの文図）
・見せかけの平和
・こわい世界
・ひとりひとりがばらばらな世界

スイミーの成長

・こわい体験
・すばらしい体験
・小さくて弱い仲間との出会い

前向きに生きるすがた
目になったわけ

本当に平和・安心してくらせる世界
みんなの心がむすばれている世界

**てだて（主な発問、指示など）**

・世界がこんなに変わってきたのは、なぜだろうか。
（補助発問）
・スイミーの変化をおってみよう。
・スイミーだけでやれただろうか。
・さいしょからスイミーは、目になっていただろうか。

## ⑨こんなもの、見つけたよ

生活科の「まちたんけん」などとあわせて指導するといい単元です。ここでの言語活動はメモをもとに組み立てを考えて知らせたいことを書くという内容です。メモの指導は、二年生の児童には難しい課題ですが、箇条書き・要点という書き方を教える必要があります。また、教科書では組み立てを「はじめ・中・おわり」とありますが、「はじめ・おわり」に対応する言葉は「つづき」です。「はじめ・つづき・おわり」とした方がいいでしょう。「はじめ」には、題名も含めて何を知らせるか観点を書きます。「つづき」では、知らせたいものや、できごとを見たこと聞いたことを中心にくわしく書きます。「おわり」は、知らせる相手を意識してまとめを書くことになります。低学年の話すこと・書くことの指導で大切なことは、**主題意識**（書くことを一つにしぼる）、**相手意識**（聞き手、読み手）です。

（上西信夫）

## ⑩丸、点、かぎ

### ◇点は切れながら続く（つながる）

〈点（、）をうたないと、文のいみが正しくつたわらないことが〉あります。そのことを、

〈この店では、きものを買う。〉〈この店で、はきものを買う。〉といった、文章で考えさせています。読点はどこに打てばいいかは、なかなか悩ましい問題です。しかし、読点をどこに打てばいいのかは、低学年ではあまり問題にする必要はありません。ただ教科書の文章を写すときは、読点の打ってあるところは、そのとおりに打つというふうに指導すればいいのです。どこに読点を打つかという指導はいらないのです。わかち書きになっていますので、大体わかりますが、先で学ぶ文の構造がわからないと本質的な問題は理解されません。

句点は切れるところに打ちますが、読点は、切れながら続く（つながる）ところに打ちます。「続けなさい」という意味をもっているのです。句点は「切りなさい」という意味をもっています。読点はむしろ「続けなさい」ということで、そこで切れないのです。ここを間違わないでください。文法学者の読点という考え方は、意味の切れ目、息の切れ目とかいう言い方をしますが、切れ目というより、続くところと教えてください。正しくは、切れながら続くところなのです。

（西郷竹彦）

## 11 うれしい　ことば

改訂学習指導要領では、「各教科等で、それぞれの特質に応じて道徳の内容を適切に指導すること」が明確化され、国語では「うれしい　ことば」のような形になったのでしょう。朝の会・帰りの会、日記指導やそれを載せた一枚文集など、日々の生活の中で、子どもたちの実感のある場面で具体的に扱うことを望みます。

（上西信夫）

## ⑫お話クイズをしよう

アニマシオンの手法を取り入れた読書指導の単元です。既習の文芸教材でまちがいのある問題を作り、クイズ形式で活動します。お誕生会やおたのしみ会の出し物として、学級文化活動の一つとしてあつかってもいいでしょう。

（上西信夫）

## ⑬「ミリーのすてきなぼうし」（きたむら　さとし）

### ◇ミリー、店長さんはどんな人物か？（ふたりのやりとりの中で）

この物語は、ミリーが散歩の途中帽子屋さんの前を通るところから始まります。話者は、ミリーの目と心に寄りそって（**内の目**）語っています。読者は、ミリーの気持ちになると同時に、ミリーを**外の目**で見ながら読み進めていきます。（**共体験**）

ミリーは、〈色とりどりのはねのついたぼうし〉を気に入ります。そして、店長さんに頼んでそれを試着し、買おうとします。しかし、店長さんが提示するその帽子の値段は、なんと〈九万九千九百九十九円〉という高額なものでした。この金額もごろ合わせのようで思わず笑ってしまいます。

ミリーはおさいふを取り出して中を見るのですが、〈ちょっと足りないみたいです〉と話者は語ります。そこでミリーは、もう少し安い物を所望します。店長さんは、〈どのくらいのおねだんのものが、よろしいのでしょう〉と尋ねます。小さな女の子にも、とてもていねいに対応する店長さんです。店長さんのみならず、「いったいミリーのさいふの中には、いくら入っているのだろう。」と**初読**の読者としては気になるところです。

ミリーはおさいふを開き、店長さんに中を見せました。空っぽです。〈ちょっと足りない〉どころの話ではありません。それを見た店長さんの反応は、〈はあ――、そのくらいですか――。〉とつぶやき天井を見上げるといったものでした。きっと困惑して、どうしたらいいだろうという気持ちだったのでしょう。初読の読者も思わずあきれてしまうと同時になんとなくおかしみを感じるところです。さらに、ミリーも店長さんのまねをして、天井を見上げます。こんなときにも、天井が〈おもしろいもよう〉だと気づくミリーです。こんなミリーに、読者は、「そんなこと思っている場合ではないよ。」と言いたくなると同時に、さらにおかしさを感じるのではないでしょうか。**ユーモア**とは、読者の常識と登場人物の言動とのずれから生じる笑いのことです。まさにここは、登場人物たちの言動の随所から、**ユーモア**を感じるところです。

そして、店長さんは、突然大きな声で〈ちょうどよいのが、一つありました〉と言って、お店の裏の方へ行き、箱を手にしてもどってきます。そして、〈これは、とくべつなぼうしです〉と言います。いったいどんな帽子だろうと初読の読者も思ってしまう仕掛のある書き方です。すると店長さんは、〈大きさも形も色も、じゆうじざい。おきゃくさまのそうぞうしだいでどんなぼうしにもなる、すばらしいぼうしです〉と言い、さらにまるで本物の帽子が入っているかのように慎重にとりだすまねをして、ミリーの頭にのせます。なんと機転のきく、想像力豊かな店長さんでしょう。店長さんの応対は、小さなかわいい、しかしお金を持たないお客様であるミリーを充分満足させるすてきなものでした。そこには、相手に対する気遣いとやさしさがあふれています。まさに、想像力はやさしさであると感じられる場面です。

この帽子は、ミリーの頭にぴったりでした。しかも〈とってもいいかんじ〉なのです。ミリーも気にいって、〈おさいふのなかみをぜんぶ〉渡し、これを買います。そして、お店を出ます。ミリーの目と心を通して見ると、本当は空っぽのはずのお財布の中もお金がいっぱい入っているのです。架空の帽子も、サイズも色もデザインも全て、ミリーが満足いく帽子なのです。店長さんも想像力豊かな機転のきく人物ならば、それに答えるミリーも、同様に想像力豊かな女の子であることが分かります。この場面では、ふたりのやりとりを通して、その人物像をとらえさせていきたいところです。

## ◇ミリーは、どんな人物か？（想像をふくらませて歩くミリー）

新しい帽子が気にいったミリーは、〈でも、なにかそうぞうしなくちゃ〉と思い、まずは

〈クジャクのぼうし〉を思い浮かべます。次は、〈ケーキのぼうし〉、そして、次は〈花でいっぱいのぼうし〉、〈ふんすいのぼうし〉……。ミリーの想像は、どこまでも続きます。本当に豊かな想像力の持ち主です。そして、その想像力は、自分の生活を豊かにするものだということをミリーから学ぶこともできます。

〈そのときです。ミリーは、気がつきました〉とあります。いったい何に気がついたのでしょうか。**仕掛**のある書き方です。そうです。ミリーは自分だけでなく、みんなそれぞれちがった、その人にふさわしい個性豊かな帽子を持っていることに気づいたのです。

そこへおばあさんがやってきました。ミリーの目から見ると〈くらくてさびしい水たまり〉の帽子をかぶっているように見えます。ミリーがおばあさんにほほえみかけると、鳥や魚がおばあさんの帽子にとびうつります。おばあさんに暗さや寂しさを感じたのもミリーの想像力であるならば、ほほえみをあげることで、ぼうしの中の鳥や魚をおばあさんの帽子に飛びうつらせたのも彼女の想像力です。想像する力は、自分のみならず、自分をとりまく世界をも明るい豊かなものへと変革する力を持っているのです。そして、ミリーはそれができる人物なのです。おばあさんの水たまりがにぎやかになって、ミリーは、うれしくなります。そして、歌を歌います。このように、ミリーは、相手の幸せを自分の喜びにできるやさしい人物でもあるのです。

## ◇〈じぶんだけのすてきなぼうし〉とはなんだろう

外で、想像をふくらませ、豊かな楽しいひと時を過ごしたミリーは、家に戻ります。今までの帽子とちがった、家に入ることができる大きさの帽子を想像しました。

〈ママ、わたしの新しいぼうし、見て。きれいでしょう〉。ママは、びっくりします。だってぼうしなんかどこにもないのですから。ここは、ママの視角から語られているところです。

でもママは、〈まあ、すてきね。ママも、そんなぼうし、ほしいな〉と答えることにします。そう、ミリーの気持ちを察してあげることのできる機転の利いたママの言葉です。どうやらこのママも、わが子の気持ちを思いやることのできる想像力の持ち主のようです。

〈ママだってもってるのよ、ほんとうは。そうぞうすればいいの〉というミリーの最後の言葉が、この作品をつらぬくテーマをあらわしているようです。想像力をプラスの方向に使うと、誰だってミリーのように人生を豊かに楽しく過ごす事ができるのです。そして、また、想像力で相手を思いやることもできるのです。それは、自分と自分をとりまく世界をよりよいものに変革する原動力にもなるのです。

〈そうです。だれだってもっているのです。じぶんだけのすてきなぼうしを〉。最後の話者の言葉です。では、〈じぶんだけのぼうし〉っていったい何なのでしょうか。また、あなたはいったいどんな〈ぼうし〉を持っているのでしょうか。二年生の子どもたちと一緒に意味づけするのもいいかもしれません。

また、この作品は、絵で多くのことを語る物語です。授業では挿絵も大切にあつかっていきたいと思います。絵と文をひびきあわせてイメージ化するといいでしょう。

## ◇美と真実

この作品は**ユーモア**に満ち溢れています。人物の言動と読者の常識とにズレがある時、ふっふっと笑えてしまうことをユーモアと言います。例えば、〈どのくらいのおねだんのものがよろしいでしょう〉と店長さんにきかれた時、ミリーが〈あの――――、このくらい〉と、〈中は空っぽ〉のおさいふを見せるところ。それに対して店長さんが怒りもせずに、「はー、そのくらいですかー。」とつぶやいて〈てんじょうを見上げてしま〉ったとき、ミリーも〈同じように見上げ〉て〈おもしろいもよう〉を発見するところ。ミリーは決してふざけているわけではなく、大まじめに店長さんと接しているだけなのに、それを読者が《外の目》から見ると笑わずにはいられません。このあたりはもうユーモアの連続です。ですからそれぞれの場面で「おもしろいなと思うところ、笑っちゃうところに線を引きましょう。」とユーモアを感じるところをみつけ、互いに味わってすすめていくことが大切です。

ここで大切なことは、ユーモアは時に人間の真実を表現するということです。荒唐無稽にも見える言動の裏に、想像力豊かで自由奔放なミリーの魅力的な人物像が見えてきます。そして幼い女の子の非現実的な要求にもうやうやしく対応する店長さんの姿は、ミリーの創り出した豊かな空想の世界を尊重し、その世界をさらに広げてあげようとするやさしさと賢さの表れでもあります。ユーモアとは、ただおもしろいというだけではなく、その裏に人物像が透けて見えるものです。文芸は人間の真実を美（この作品の場合はユーモア）として表現したものなのです。

## ◇知識よりも想像力が大切

ミリーは、とても想像力豊かな女の子です。店長さんとのやりとりを見ても、決して何事にも物おじしない性格です。このすてきなぼうしに出会うことで、さらに想像することの楽しさ、おもしろさを体験します。また、このぼうしに出会うことで豊かに想像力を発揮して相手の気持ちをも理解して相手のために行動するやさしさを持った人物へと成長する姿があります。例えば、出会ったおばあさんのぼうしは〈くらくてさびしい水たまり〉でしたが、そんなおばあさんにほほえみかけるとミリーのぼうしの中から鳥や魚が飛び出して、おばあさんのぼうしにとびうつります。また、家に帰った時、ママが〈ママも、そんなぼうし、ほしいな〉と言った時、〈ママだってもってるのよ、本当は。そうぞうすればいいの〉とママをなぐさめます。まさに想像力の豊かさは、やさしさにつながるのです。知識を豊かに持って学力をつけていくことは大切なことですが、人間が豊かな想像力を身につけることは、その人自身をいっそう人間として成長させていく根幹をつくっていくことだと思います。

ここでもう一つ考えておきたいことがあります。もし、ミリーが空っぽの財布を見せたとき、店長さんが「お金がなければ売れません」という対応をしていたらどうなったでしょう。また、ミリーが〈ママ、わたしの新しいぼうし、見て。きれいでしょ〉と言ったとき、もしママが「ぼうしなんか、どこにもないわよ」と答えていたらどうでしょう。ミリーの豊かな想像力の芽は育たなかったのではないでしょうか。周囲のおとなたちの言動が、ミリーの想像力や相手のために行動するやさしさを育てているとも言えるのではないでしょうか。
私たち教師も、子どもの想像力や思考力を育てるために、どのような働きかけをすればよいのか、常に考えていきたいものです。

（吉村真知子）

## 14「おおきくなあれ」（さかた　ひろお）

阪田寛夫の詩です。頭韻脚韻のくり返し、リズム感のある音楽性にとんだ詩です。このような音楽性にとんだ詩は声に出して読むことです。特に〈ぷるん　ぷるん　ちゅるん〉の**声喩**の**くり返し**が特徴的です。
次のような詩も《つづけよみ》で扱ってはどうでしょう。

くだもの
たにかわ　しゅんたろう

つるんと　たべるの　ぶどうです
しゃきっと　かじるの　なしならば
みかんは　ちゅるると　すいまして
いちごは　ぽいっと　くちの　なか
りんごは　さくっと　つめたくて
ばななは　もくんと　やわらかい
ももは　つるりと　むけますが
すいかの　かわは　むけません

出典『ふじさんとおひさま』（谷川俊太郎・童話屋）

（上西信夫）

## 15 大すきなもの、教えたい

この単元も毎日の朝の会などで「一分間スピーチ」として、交代で継続して扱うといいでしょう。全員が一巡するごとに「大すきなもの」「たからもの」「しっぱいしたこと」……などテーマを変えて実施できそうです。翌日発表の子には、前日に下書きを書かせ、「はじめ・つづき・おわり」の組み立てや、声の大きさ、速さ、**類比**や**対比**による強調、**順序**、**理由**をそえるなどの指導が必要なことは言うまでもありません。一人ひとりの課題を見すえ、作文指導や話し方指導と関連させて**主題意識・相手意識**などの定着をめざしたいものです。

（上西信夫）

## 16 カンジーはかせの大はつめい

漢字の構成に目を向けさせたり、熟語を意識させたりすることをねらっています。二年の学年配当漢字は、百六十字あります。漢字指導は、①部首・成り立ち・意味、②読み（音訓読み）、③筆順・画数・練習、④熟語・ことば集め、⑤文づくりです。丁寧に進めたいものです。そのときに漢字の構成から仲間集め、熟語集めなども含めて扱うといいでしょう。二年生ではまだ無理ですが、中学年からは漢字ノートの使い方を教え、一漢字一ページで先の①から⑤を書く指導をしましょう。

（上西信夫）

## 17 ことばあそびをしよう

アクロスティック・折句の手法のことばあそびは、避難訓練のときの「おはしも」「おかしも」の約束といえばわかりやすいでしょう。「おさない・かけない、（または、はしらない）・しゃべらない・もどらない」のはじめの言葉をつなげることばあそびです。

「ののはな」「ことこ」の二編の「ことばあそびうた」が載っています。「ことばあそびうた」は谷川さんの独壇場です（同名の本もあります）。「いるか」「かっぱ」などとともに教室で読み合ってください。日本語の特徴は同音異義語が多いということです。「ことばあそびうた」は、ひらがな続け書き表記で、その特徴を生かしたものです。

（上西信夫）

## 18 「どうぶつ園のじゅうい」（うえだ　みや）

### ◇「どうぶつ園のじゅうい」題材のもつ意味、可能性

児童にとって、教室での「もの・こと・人」との出合いは、新しい発見であり、児童の成長

発達の力になるものこそが望ましいと、私たちは考えます。そして、できるならば、新しい出合いが児童の認識の変革につながるものをと願います。そういう観点で、この説明文の題材について考えてみましょう。

低学年の児童にとって「どうぶつ園」は、楽しいところであり、校外学習などでも訪れる可能性が高い場所です。また、「じゅうい」という存在も、昨今のペットブームにおいては、「動物のお医者さん」としてけっして遠い存在ではないでしょう。しかしながら、〈「どうぶつ園のじゅうい」〉となると実際の仕事やその役割については、未知の存在ではないでしょうか。ですから、この説明文を学習することによって、児童は、今まで知らなかった「どうぶつ園」の動物たちの命を守り支える「じゅうい」の存在に気づかされ、さまざまな命に関わる仕事への興味・関心を広げていくことが期待されます。

## ◇題名は、観点と仕掛

読者が最初に出合うのは、題名です。ときに説明文における題名は、説明の**観点**を示し、内容を把握できるもの、読者の興味関心を呼び起こす**仕掛**があることが求められます。題名について考えることは、作文を書くときにも、大いに力になっていきます。何を伝えるのか、主題意識の反映としての働きが第一に求められます。さらに、読者をいざなう仕掛としての**機能**、そして説明の**観点**を明確に示す機能があればなお、優れた題名と言えるでしょう。

その意味で「どうぶつ園のじゅうい」という題名について考えてみますと主題は示されては

いますが、「どうぶつ園のじゅうい」の何を説明するのかは、はっきり示されてはいません。「じゅうい」は、どんな仕事をしているのかという問題意識、関心を引き出すことが大事です。学習を終えたときに、もう一度題名について振り返って、題名の働きについて学習し、検討することが大切です。

## ◇筆者について知る

一段落に、〈わたしは、どうぶつ園ではたらいている　じゅういです〉と明確に筆者の立場を明らかにしています。そのため、読者も「どうぶつ園のじゅうい」その人が書いている文章だということで、リアリティーをもって読み進めることになるでしょう。

## ◇仕事の説明だからこそ順序にしたがって述べられている

説明の仕方に書き手の認識が表れます。この文章では、「どうぶつ園のじゅうい」の仕事が、時間の**順序**にしたがって説明されています。これは、ものごとを認識するときの基本的な方法の一つです。「じゅういのしごと」に**観点**を定めて、時間の順序にしたがって説明をしています。「じゅういのしごと」は、動物たちの生活のリズムにあわせて、その命を見守り、支える仕事です。だからこそ、毎日毎日の途切れることのない地道な営みだと言えます。ですから、時間の順序で述べることが、読者にとってわかりやすいということになります。裏返せば、順序に目をつけてこそ、〈じゅういのしごと〉を認識していくことができる文章であると言えます。この文章を読むことで、内容への理解を深めると同時に順序に目をつけて、ものごとの本質がわかる力を伸ばすことができます。

文章の一部について具体的に述べます。

〈朝〉、〈見回りがおわるころ〉、〈お昼前〉、〈夕方〉、〈一日のおわりには〉と、それぞれ段落のはじめに時間を表すことばがあり、〈じゅういのしごと〉を時間の流れにそって理解できるように説明が進んでいきます。そして、最後のしめくくりの段落では、〈これで、ようやくながい一日がおわります〉とあり、筆者の説明にのって、〈じゅういのしごと〉の一日を見つめてきた読者は、長い一日がやっと終わった、獣医の仕事とは、大変なのだなあ、動物たちも一日無事に終わってよかったなあ、というような思いを抱く結びとなっています。

## ◇理由を知ることで、仕事の意味が明らかに

二段落には、〈朝〉の仕事の〈見回り〉ということの意味が明らかにされていきます。〈見回ることからはじまります〉を読み、読者は、なぜかしら、と問いをもって読み進めていきます。それに対して次の段落で〈びょうきになったとき、すぐに気づくことができるからです。〉と**理由**が明らかにされます。理由を知ることで、その仕事が動物にとってどのような意味があるかが明らかになるのです。二年生の読者にもよくわかる文章だと言えます。

〈見回るわけは、もう一つあります〉と後半でさらにその理由があきらかにされていきます。それは、〈どうぶつ園のどうぶつは、犬やねこなどの　ペットとちがって、もともと、しぜん

の中で　くらしていました。しぜんの中では、どうぶつたちは、弱っているすがたを見せません。見せると、てきに　おそわれてしまうからです。それで、どうぶつ園にいても、どうぶつたちは、いたいところや　つらいことを　かくそうとします。とくに、よく知らない人には　かくします。だから、……〉とあります。これは、読者にとっては、はじめて知る事実でしょう。

さて、時間の順序とともに説明の順序を考えてみましょう。二段落の見回りの理由を前半と後半を入れ替えて考えてみるとどうでしょう。読者にとっては、はるかに後半の理由のほうが、驚きは大きいと思います。〈見回る〉ことの意味は、どちらも動物の命を守ることにつながる行為としては、**類比**ですが、理由は**対比**です。

どうぶつ園という環境における病気や異常の発見、治療のためという側面と、どうぶつ園だからこそ、そこに生きる動物たちの野生の本能を理解したうえで病気や異常を発見するためのコミュニケーションという側面が対比的に表現されているのです。

だからこそ、〈じゅういのしごと〉としての〈見回り〉が、〈どうぶつ園の動物たち〉にとって重要な意味をもつ仕事であると読者は、納得するのです。

## ◇説明の観点は何か

読者に何を説明するのか、どこに目をつけて説明するのかを説明の**観点**と言います。優れた文章では、多くは、観点が明確にされています。特に低学年の学習としては、観点が明確に示された文章であることが教材としては望ましいと言えます。

この文章では、一段落で〈ある日の　わたしのしごとのことを　書いてみましょう。〉と一応観点が示されていますが、一年の「どうぶつの赤ちゃん」の書き出しや二年の「たんぽぽのちえ」の題名のようには観点が明確に示されていません。読者は、どのように読み進めていくことになるのか考えてみましょう。

一段落では、〈じゅういのしごと〉は、何かを説明します。

・どうぶつたちが、元気にくらせるようにすること。

・どうぶつがびょうきやけがをしたときには、ちりょうすること。

この二つだと述べられているので、読者は、題名とひびき合わせて「一体、どんな仕事をするのかなあ。」とさらに興味関心をもって二段落以降の文章を読み進めることになります。この時点で、読者の中には、

・〈じゅういのしごと〉とは、どんなことをするのだろうか。

・しごとには、どんな努力や苦労があるのだろうか。

といった観点が形成されていくことが考えられます。そこで、教室では、題名と書き出しとをひびき合わせて**読みの観点**を明確にすることが必要です。

## ◇文章と対話をする＝筆者の説得の論法を学ぶ

さて、説明文の学習と言うと何が書いてあるのかを正確に読むことが第一とされます。読解の学習は大切であり、この力もしっかりとつけていきたいものです。

同時に、文章を書き表した**筆者の表現の工夫**を学ばせ、書く力へとつなげていきたいものです（私たちは、筆者の**説得の論法**ということばを使います）。

すぐれた文章とは、必ず読者を相手どって表現されています。ですから、文章を読み、児童が発見したり、疑問に思ったり、感心したり、もっと知りたいと思ったことなどを文章に即して書き込みをさせることで、文章と対話することができます。私の教室では、書き込みと言いますが、この「書き込み」を進めていくことが、実は、筆者の表現の意図を考えていくことにつながるのです。

筆者の認識とその方法を学ぶことは、同時に表現の方法を学ぶことになります。この説明文においても、どのような表現の工夫があるから、読者に〈じゅういのしごと〉への理解を深めることになっているかを学ばせたいと思います。

挿絵についても、どういう意味で効果があるのか、ないのか、教材分析の段階で明らかにしておくことが大切です。

## ◇文末に見る筆者の態度

文章を読むときに、文末の表現に目を向けることは、筆者の考えを明らかにすることにつながります。

〈見回るわけは、もう一つあります。……（略）だから、ふだんから　わたしのかおを見せて、なれてもらうことが　大切なのです。〉（二段落）

〈よりよいちりょうを　することができるのです。〉
〈体をあらわなければいけないのです。〉〈六段落〉
これらは、いずれも強調の文末です。たとえば、〈大切です。〉と〈大切なのです。〉とを
**《くらべよみ》**するなかで、その違いを明らかにすることができます。
また、次の文は、どうでしょうか。
〈……ふだんから　わたしのかおを見せて、なれてもらうことが　大切なのです。〉
〈……こえも　おぼえてもらうようにしています。〉（二段落）
〈……じょうざいを　口にいれさせてくれません。〉
〈やっと、いっしょにのみこんでくれました。〉（四段落）
動物に対する筆者の態度を考えることができます。それらの表現は、筆者が動物を自分たち
と同等に生きているものという考えをしていると意味づけられるのではないでしょうか。
また、「どうぶつ園」という人間のための施設に動物たちの命を預かっているという見方・
考え方の反映ととらえることもできるかもしれません。

## ◇「どうぶつ園」だからこそ

この説明文を読んで、考えさせられることの一つに、もし、これらの動物たちが本来の野生
の場所であったらどういう一生を送るのだろうかという問題です。
二段落の見回りの意味、三段落の出産のこと、四段落の薬の服用、五段落のボールペン事

件、六段落の入浴のこと、どれも動物たちが生きる場所が「どうぶつ園」だからこそ、必要となっていることであり、また、可能なことなのです。それが動物たち本来の生き方としてはどうかという問題は、ここでは問いません。

しかしながら、「どうぶつ園」の積極的な意味を考えるとき、人間にとっても、動物たちにとってもよりよい生命の場所であるために奮闘する獣医の姿にふれ、子どもたちの認識を新たにすることができる教材と言えるでしょう。

（曽根成子）

## 19「お手紙」（アーノルド＝ローベル 作・絵／みき たく 訳）

がまくんとかえるくんという二人の人物が出てきて、主として会話で構成されている作品です。会話で話が語り進められていく作品と言えます。二人の様子が語られているところもありますが、中心になるのは会話のやりとりです。対話形式の作品です。

### ◇友情がユーモラスに

これを読んで、子どもたちが最初にわかることは、かえるくんのやさしさと、そのやさしさから出てくる言動（言っていること、やっていること、様子）でしょう。また一方で、がまくんのほうにも、かえるくんのやさしさ、思いやりを受け止めて、それにこたえていくというやさしさ、思いやりが見られます。お互いに相手の気持ちを思いやる友情という関係が**くり返し**語られています。

そして、そういう思いやり、やさしさというものが、読者から見るとユーモラスな形で展開していきます。二人はそれぞれ大まじめに言ったりしたりしているのですが、第三者である読者の目から見ますと、それがなんともおかしみを感じさせるということです。明るい、ほのぼのとした温かい**ユーモア**を読者は感じることでしょう。温かいと感じるのは、もちろん、二人のやさしさ、思いやりというものがあるからです。それがあるから、おかしいけれど「やさしいかえるくんだな。」「それを受け止めているがまくんだな。」ということになるのです。

ユーモアというのは、書かれていること（内容）と書かれ方（表現）、二人の思いやり合う関係と、それがどう表現されているかが**文体の効果**として、あるおかしみ、笑いを読者に感じさせるということです。**ユーモアというのは、文芸における美**の一つです。文芸における美というのは、きれいとか美しいとかというのではなく、むしろ、おもしろさとか、味わいとか、趣きと言ったほうがいいようなものです。その**ユーモアという美**を読者が体験するのです。

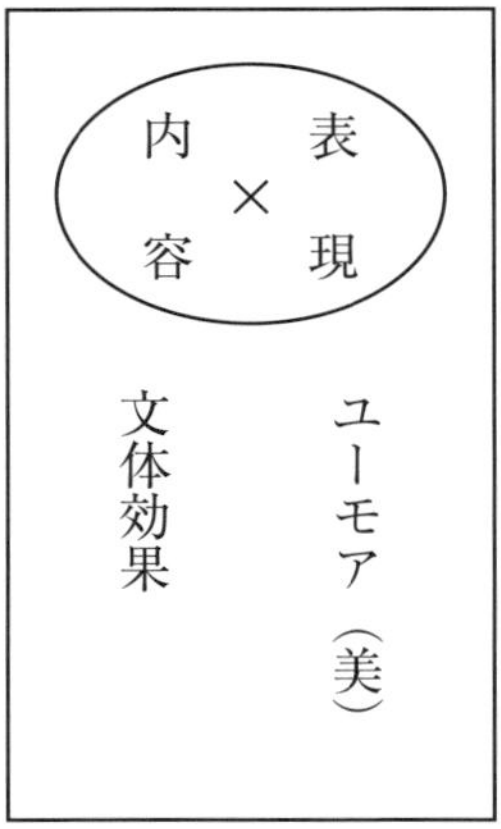


美は、体験するものです。書かれている内容と書かれ方（表現の仕方）、その両方の関係、かみ合わせが、全体として読者に訴えてくる効果、これを文体効果と言いますが、それが読者にユーモアを体験させるのです。

## ◇人物像を浮かびあがらせるキーワード

ここで、二人の**人物**の本質という**観点**で、この内容を読んでみましょう。

〈がまくんは、げんかんの前に　すわっていました〉。そして、〈「今、一日のうちの　かなしい時なんだ。つまり、お手紙を　まつ時間なんだ。そうなると、いつもぼく、とても　ふしあわせな気もちに　なるんだよ。」〉と言います。〈かなしい〉、〈ふしあわせな気持ち〉ということばがあります。そこで、それは〈どういうわけ〉と、「わけ」を聞いています。すると、〈「だって、ぼく、お手紙　もらったこと　ないんだもの。」〉〈「……お手紙を　まっているときが　かなしいのは、そのためなのさ。」〉と「わけ」を言います。〈ため〉というのも**理由**、**根拠**を表すことばです。

そこで、〈ふたりとも、かなしい気分で、げんかんの前に　こしを下ろしていました〉という、この〈ふたりとも〉というのが、非常に大事なところです。

がまくんが、かなしい気分で腰を下ろしているというのは、本で語られていることですから、読者にもわかります。でも、なぜ、かえるくんもかなしい気分で腰を下ろしているのかということは、ここには書かれていません。書かれていませんが、そのわけは考えることができます。

「ああ、友だちがかなしそうにしている。友だちがふしあわせだ。」ということを、自分のかなしさ、自分のふしあわせと感じている〈かえるくん〉がここにいます。だから、〈ふたりとも、かなしい気分で〉ということになるのです。〈ふたりとも〉ということばを押さえることが大事です。それだけで、かえるくんとがまくんの友情が浮かびあがってきます。二人の**人物像**をとらえることができます。

このような重要なことばを、「かぎになることば（キーワード）」と言います。〈ふたりとも〉ということばを見逃してしまうと、ここまでの読みが一面的なものになってしまいます。ただ、がまくんのかなしい気持ちのわけがわかったというだけのことになります。かえるくんが根ほり葉ほり聞いています。がまくんが玄関にすわっている様子を見て、〈「どうしたんだい、……」〉〈「……かなしそうだね。」〉と、きちんとその様子をつかんで、たずねているということ自体、かえるくんのやさしさです。そして、そのわけを聞いて、〈「いちどもかい。」〉とさらに聞く、このかえるくんの言動の**反復**に、すでに、かえるくんのやさしさ、思いやりが出ています。それをうけて〈ふたりとも〉ということになるわけですから、そこの流れ、**プロセス（過程）**を押さえます。がまくんのかなしいわけがわかるというだけで終わらないで、かえるくんが相手の様子を気づかってくり返したずねているという言動の反復、それをうけて〈ふたりとも〉となるこのプロセス（過程）、展開をしっかり押さえてください。

ここまでを一場面としていますが、これを一時間でやれという意味ではありません。これを一時間でやるか二時間でやるかは、そのときの教師のねらいのたて方と子どもの実態などによって決められるのです。

## ◇読者に対する仕掛がある

〈すると、かえるくんが言いました。「ぼく、もう　家へかえらなくっちゃ、がまくん。しなくちゃいけない　ことが、あるんだ。」／かえるくんは、大いそぎで　家へ帰りました〉。

ここのところで、かえるくんが、なぜ、突然用事を思い出して家に帰ることになるのか、読者にはいささか不審な気がしないでもないでしょう。もちろん、これは、後を読んでいけばわかることなのですが。

この場面では、「人物は知っているが、読者は知らない」という**関係**が仕組まれているのです（これを**仕組**と言います）。ですから、読者は、「なぜ」「何をするためにあわてて帰るのだろう。」と興味・関心をもつことでしょう。それが実は、読者に対する**仕掛**になっているのです。つまり、**仕組が仕掛になっている**ということになります。

この仕組、仕掛を本格的に扱うのは四年生の段階ですが、教師としては、授業のときにその辺りを多少頭においた指導をするべきでしょう。二年生の段階では子どもに「これが仕組、仕掛だぞ。」ということを学習させる必要はありません。〈「……しなくちゃいけない　ことが、あるんだ。」〉というのを、ただ、さらっと、「かえるくんは知っているけど、読者であるみんなには何のことかわからないね。わからないから、なんだろうと思って、先を読みたくなるだろう。」という程度でいいのです。そういうことを二年生、三年生のときに、教材をやるたびに、ちらっちらっと小出しにしておけば、四年生になって本格的に仕組・仕掛を問題にするときに、多少下地ができていることになるのです。それが、「気づかせる」「わからせる」「身につけさせる」という順次性をもった指導です。

教育というのは、あるとき、何かを教えてわからせて、そのときにそこで身につけさせるというものではありません。やはり、小出しにして、ちょっと気づかせる段階があって、そのうえにしっかりわからせる段階があり、そして、それがただわかっただけでなく、くり返し練習して身につけるよう定着させるというように、三段階をおっていくのです。

次のところで〈えんぴつと紙を見つけました。紙に何か書きました。〉とありますが、紙に何を書いたかは、本人は知っていても、読者は知りません。つまり、「人物は知っているが、読者は知らない」という関係が、出てきます。この、紙に何か書いたというのは、実は手紙で、その文句は後になって出てくることになりますが、それまで伏せられていることになります。封筒の表書きに〈がまがえるくんへ〉と書いたのも、読者には、「なんでこんなことをするのかな。」という仕掛になるわけです。

## ◇再読だからおもしろい

かえるくんは家から飛び出して、途中で知り合いのかたつむりくんに出会います。〈「かたつむりくん。」……「おねがいだけど、このお手紙を　がまくんの家へ　もっていって、ゆうびんうけに　入れてきてくれないかい。」〉とたのみます。読者にしてみれば、本人が行けばいいじゃないかと思うところでしょう。もっとも、本人が行けば何も手紙を書くこともないのです。ここで「ああ、がまくんが、手紙がほしい、手紙がだれからも来ないと、かなしい気持ちでいたから、それで手紙を書いて出そうとしているのかな。」というふうに察しがつく読者もいることでしょう。しかし、全然ピンとこない読者もいるでしょう。読者といってもいろいろですから、ピンとくるような子どもたちもいるが、わからない子もいるでしょう。

とにかく、「手紙をもっていってくれないかい。」と言うと、〈「まかせてくれよ。」……「すぐやるぜ。」〉ということになりますが、ここでは、読者もあまり気にならないと思います。もちろん、勘のはたらく子は、「かたつむりなんかに手紙をたのんで……」と思うかもしれません。足の遅いかたつむりに手紙を頼むというのは、本当はおかしなことだと気がつく子もいると思います。しかし、かえるくん自身は全然気がついていません。〈「まかせてくれよ。」〉〈「すぐやるぜ。」〉というのは、「初読」のときにはおかしくなくても、「再読」の段階になると、ここがなんともおかしいのです。笑いになるのです。

（初　読）
人物○ ――仕組―― 読者×
仕掛
（再　読）
人物○ ―――― 読者○

この作品は、初読のときは「人物は知っているが、読者は知らない」という関係がありますが、再読の段階では「人物は知っている、読者も知っている」という関係になるのです。そして、この後では、むしろ「人物は知らないが、読者は知っている」という関係のほうが大きく浮かびあがってくることになります。この仕組があるため、読者が笑いを生み出すことになるのです。ユーモアを体験することになるのです。というのは、再読のときには、読者はもう最後まで読んで、タネがわかって、謎が解けて、知っている立場でずっと読んでいきますから、今度は、一つひとつが、読者におかしみ（ユーモア）を感じさせることになるのです。これから、「初読」でなく、「再読」という立場でこの文章を読んでみてください。つまり、〈何か書きました〉といっても、読者は、その「何か」が、何であるかについては、もう知っています。

〈「お手紙に、なんて書いたの。」〉と、がまくんが聞いたときに、かえるくんが〈「ぼくは、こう書いたんだ。『親愛なる　がまがえるくん。ぼくは、きみが　ぼくの親友であることを、うれしく思っています。きみの親友、かえる。』」〉と言っていますが、そのことは読者はもう知っています。知っているという立場で、もう一度この物語を読み返していくことになるのです。

皆さんが授業するときは、初読の状態ではなくて、子どもたちが一度は読んで、話の結末までわかっているという再読の立場で授業に臨みます。そのことを前提とした授業の運び方を考えていきます。そうしますと、〈何か書きました〉というところで、「紙にどんなことを書いたんだったのかな。」と子どもに問うと、「こういうことを書いた。」と答えるでしょう。そうすると「そうだね。そういうことを書いて、ふうとうに入れたんだったね。」となります。口で言えばいいことをわざわざ手紙に書いて、〈がまがえるくんへ〉と書いて、しかも自分で持っていけばいいものを、自分で持っていったのでは手紙にならないから、途中でかたつむりくんに頼みます。それがなんともおかしいということになります。しかも、足の遅いかたつむりくんに頼み、かたつむりくんが、大まじめに〈「まかせてくれよ。」……「すぐやるぜ。」〉などと言っているところが、なんともおかしいということになりましょう。

## ◇読者の常識と作中人物の言動がずれている

それから、かえるくんはがまくんの家にもどって、ベッドでお昼ねをしているがまくんに、〈「きみ、おきてさ、お手紙が来るのを、もうちょっと　まってみたらいいと思うな。」〉と、わざわざ起こしに行くのです。ここにも、なんとなくおかしみがあります。

がまくんのほうは、〈「いやだよ。」……「ぼく、もう　まっているの、あきあきしたよ。」〉それはそうでしょう。今まで手紙が来たことはないのですから。

〈かえるくんは、まどからゆうびんうけを見ました〉。なぜそんなことをしたか、読者にはわかっています。「もう郵便がくるかな。」と思って郵便受けを見ているのです。このことが、この後何回もくり返されます。つまり、待ちわびているわけです。それなのに、〈かたつむりくんは、まだ　やってきません〉。それはそうでしょう。今、かえるくんが着いたばかりなのですから、来るはずがありません。その来るはずのないかたつむりくんを、もう来るかと思って、待っているというのが、読者から見るとおかしいわけです。

おかしさ、ユーモアというものは、読者のもっている常識と、作中人物たちの言ったりしていることとのあいだの微妙なずれや食い違いから生まれてきます。かえるくん本人はもう手紙が来やしないかと思って、かたつむりくんを待っているのですが、読者から見れば、かたつむりは足の遅いものの代名詞みたいなものですから、すぐ来るはずがありません。そういうかたつむりに頼んだこと、そして、かたつむりもまた〈「すぐやるぜ。」〉と言ったことが、ユーモアになっています。でも、かたつむりも一生懸命になっていることでしょう。気持ちとしては走っているのかもしれません。だから、おかしいわけです。かたつむりくんのそういう様子を想像してもおかしいし、もう来るかと首を長くしているかえるくんの様子を想像してもおかしくなります。そこには、読者がもっている常識とのあいだにずれ、食い違いがあるからです。かえるくんが〈「ひょっとして、だれかが、きみにお手紙を　くれるかもしれないだろう。」〉と〈ひょっとして〉と言っていますが、これを「きっと」と言わないところがおもしろいところです。「きっと」と言えば、「なぜ、きっとなんだ。」ということになりますから、〈ひょっとして〉と言うところが心憎いところです。そして、〈だれかが〉と言っているけれど、読者は、これがかえるくんだということは百も承知ですから、かえるくんのことばがおかしいと同時に、「かえるくんて、やさしいんだな。」と思うのではないでしょうか。

かえるくんのことばに対して、がまくんは〈「そんなこと、あるものかい。」〉と言います。それはそうでしょう。がまくんは知らないのですから、がまくんからしてみると、〈「ぼくにお手紙をくれる人なんて、いるとは思えないよ。」〉ということになるのです。

すると、また、かえるくんがまどからのぞきます。〈かたつむりくんは、まだやってきません〉とくり返されます。〈「でもね、がまくん。」……「きょうは、だれかが、きみに　お手紙くれるかもしれないよ。」〉とかえるくんが言います。〈きょうは〉と言っているところが、読者から見るとおかしいのです。出した本人が〈きょうは〉と言うのですから。だけど、実際は四日たって、やっとときます。四日も待たされることになるのに、〈きょうは〉と言っています。読者は、今日なんかではなく、四日かかってかたつむりが来ることを知っています。読者が知っていることと、「きょうは、手紙がくる」ということとのあいだにずれがあるのです。そのずれをつかまないと、ユーモアを感じることはできません。

ユーモアというのは知的な笑いです。そういうユーモアがわかる子どもに育てるということは、知的な体験をさせることになるのです。

## ◇知性を研いて感性をはたらかせる

さて、なぜ〈きょう〉と断定できるのかわからないがまくんからすると、〈「ばからしいこと、言うなよ。」〉ということになります。ちょっと腹だたしい言い方をしている感じがします。〈「今まで、だれも、お手紙　くれなかったんだぜ。きょうだって同じだろうよ。」〉という、このがまくんの判断のほうが、ほんとはまともなのです。何も今日に限ってくるはずがありません。来るという根拠がありません。

また、かえるくんがまどからのぞきます。〈かたつむりくんは、まだ　やってきません〉。いらいらしている感じがあります。来るはずのない手紙を、来るはずだと言っています。そこで、がまくんが〈「かえるくん。どうして、きみ、ずっと　まどの外を見ているの。」〉とたずねます。かえるくんが、何回も何回もやっていますから、さすがにがまくんも気になったのでしょう。それで、しようがないから、〈「だって、今、ぼく、お手紙をまっているんだもの。」〉と、かえるくんが答えます。ここも、とてもおもしろいところです。手紙というものは、がまくんが待っているはずのものです。よそから来たお客のかえるくんに手紙が来るはずはありませんし、待つ必要もありません。

手紙を待つのは、その家の主人であって、来ているお客がそこで待つというのは、およそありえないことです。また、あったら大変おかしいことです。でも、そういうおかしいことに、かえるくんは気がついていません。なぜかというと、かえるくんが一番その手紙を待っているわけなのですから、そこがおかしいわけです。

だから、ユーモアは、知的なおかしさであることがわかります。テレビ番組などのお笑い番組は、知的というより、むしろ「ギャハハ。」というだけの笑いがほとんどです。ユーモアというものは、微妙な笑いなのです。ちゃんと知性を研ぎすましておかないと、感性がはたらかないのです。

## ◇手紙らしくない手紙のユーモア

そもそも手紙というものは、離れているお互いどうしが、情報を伝えるためのものなのです。情報というのは、自分の気持ちであったり、考えであったり、知識であったりするのですが、目的・用事があって、こちらから向こうへ伝えるものです。その場合、直接目の前に相手がいないから、手紙とか電話という形で、それを相手に伝えていくのです。あるいは、向こうからこっちへ何かを伝えてくるのです。

ところで、このかえるくんは、がまくんのところへ行っているのですから、何か言うことがあれば、そこで言えばすみます。けれど、わざわざがまくんのところから、ちょっと失礼と言って帰ってきて、家でかえるくんの手紙を書いて、それをかたつむりに託します。そして、再び取って返してがまくんのところへ行って、がまくんとやりとりします。そして〈「きょうは、だれかが、きみに　お手紙くれるかもしれないよ。」〉と言うのです。がまくんにしてみれば、いつも手紙なんて来ないわけですから、「今日も来ることはない。」と言います。「いや、きっと来るよ。」「いや、そんなことはない。」「きっと来るよ、だってぼくが出したんだもの。」という話になってしまうわけですけれど、考えてみると、人の家に行って直接言えばいいことを、わざわざ家に帰って手紙に書いて出す、というのが、そもそも笑わせるところです。

しかも、人の家に行って、そこの家に来る手紙を自分が待っている、というのもおかしな話です。今に来るか、今に来るかと、しょっちゅう郵便受けを見て、手紙が来るのを待っているのは、その家の住人であるがまくんのほうであるはずなのに、お客で来ているかえるくんが、手紙を待っているというのは、どう考えてもおかしな話です。

たとえば、皆さんが友だちの家に行って、その家で話をしながら、今に郵便が来るか郵便が来るか、と待っているというのは、どう考えても滑稽な話でしょう。そして、また、いや、〈「きっと来るよ。」〉なんて言う。普通だったら言えないことです。でも、自分が出したから、それはわかっていることですが、自分が出したことを言えないつらさがあるのです。でも、とうとう言わざるを得なくなって、言ってしまうというあたりも、大変滑稽な話です。

このように、この作品には、全編ユーモアが満ち満ちています。

## ◇人物は知らないが、読者は知っているという関係が生むユーモア

ユーモアというのは、どこから笑いが出てくるかというと、「人物は知らないが、読者は知っている」という関係がそこにあるからなのです。ここで、その場の人物はがまくんです。がまくんは、その事実を何も知りません。しかし、読者はかえるくんが何をしたかということを、よく承知しています。わかっている読者から見ると、かえるくんが言ったり、がまくんが言ったりすることが、一つひとつおかしく聞こえるわけです。しかも、ただ単に「人物は知らない、読者は知っている」という関係があるだけではなく、他ならぬ手紙というものはこういうものだ、という前提があります。これを、**条件的にものを見る**と言います。他ならぬ手紙だからこそこうだ、他の言い方で言いますと、手紙なのに、こういう言い方をしているということがそこにあるから、笑いが出てきます。ユーモアが出てくるのです。だから、読者から見ると、かえるくんの言ったり、したりしていることが、なんだかおかしいのです。

## ◇友情が美として表現される

しかし、読者は、笑うのですが、そこにかえるくんの友情・心情を知っていますから、かえるくんの思いやり、友だちに対する友情に感動します。読者は、笑うけれども、なるほど、か

えるくんはいい友だちだな、がまくんにとってかえるくんは、本当にいい友人だな、と友情の深さをある感動をもって受けとめることができるのです。つまり、友情という「人間の一つの真実」が、ユーモアという笑い・《**美**》として表現されています。美の体験の中に、友情という一つの真実を、読者は認識するわけです。これを**美と真実**と言います。《美》というのはこの場合、「きれい」とか「美しい」という意味ではなくて、「おもしろい」とか、「味わい」ということです。この作品のおもしろさというのは、ユーモアのおもしろさです。ユーモアは、人物と読者のくい違い、ずれから生まれます。つまり、読者の常識から考えて、人物の言っていること、していることが、おかしいということです。その場合の常識的な意味とは、郵便だからこうだ、郵便なのにこうだ、という**条件**という見方・考え方でとらえたものです。ユーモアは、読者と人物の関係と、郵便の条件をふまえた読者の常識と人物の言動のずれによって生み出されます。

　このアーノルド＝ローベルという人は、かえるくんとがまくんの二人を主人公にした連作をいくつか書いています。五、六冊ありますが、いずれも大変おもしろく読めます。小さな絵本ですが、できれば、この授業のあと、《つづけよみ》をするといいと思います。一つひとつどれもユーモラスで、そのユーモアの中に、二人の友情、あたたかさが書いてあります。

【参考文献】『文芸研教材ハンドブック2　お手紙』（蒲刈文芸研・明治図書）
『意味を問う教育』〈西郷竹彦著・明治図書〉

（西郷竹彦）

## 【「お手紙」（一場面）たしかめよみの指導案例】

| ねらい | てがかり（(か)…かえるくん　[が]…がまくん） | てだて（主な発問、指示など） |
|---|---|---|
| ○言動からかえるくんの人物像をとらえさせる。 | (か)「どうしたんだい、がまがえるくん。きみ、かなしそうだね。」<br>[が]「うん、そうなんだ。」<br>[が]「今、一日のうちのかなしい時なんだ。つまり、お手紙をまつ時間なんだ…。」<br>(か)「そりゃ、どういうわけ。」<br>[が]「だって、ぼく、お手紙もらったことないんだもの。」<br>(か)「一どもかい。」<br>[が]「ああ、一ども」 | ・かえるくん、がまくんの二手に分かれて音読をする。<br>○かえるくんの人物像がわかるところを見つけましょう。<br>・どうしたんだい…様子が気になり心配している。<br>・かなしそうだね。…様子をよく見て心配している。<br>・どういうわけ。…わけを聞いて力になろうと思っている。<br>・一どもかい。…同じ気持ちになっている。<br>○がまくんが悲しそうにしているわけがわかるところに、線をひきましょう。<br>○がまくんになって悲しいわけを言いましょう。 |

| | | |
|---|---|---|
| | がだれも、ぼくにお手紙なんかくれたことがないんだ。…かなしいのは、そのためなのさ。」<br>ふたりとも、かなしい気分で、…。 | ○どうしてかえるくんまで悲しくなったのですか。かえるくんになって言いましょう。**(同化体験)**<br>○こんなかえるくんを見て、どう思いますか。お手紙に書きましょう。**(異化体験)** |

# 【「お手紙」（一場面）の板書例】

お手紙

アーノルド＝ローベル　さく・絵

みき　たく　やく

一ばめん

がまくん

うん、そうなんだ。
かなしいとき
ふしあわせな気もち
だって、…お手がみ
もらったことない
ああ、いちども。
だれも…くれたことがないんだ。
空っぽさ。
かなしいのは…

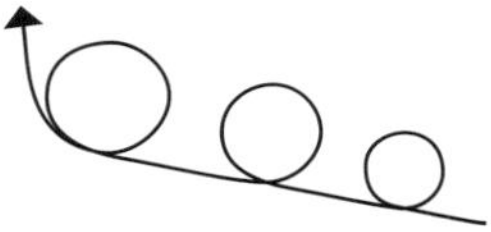

かえるくん

どうしたんだい。
かなしそうだね。
そりゃ、どういうわけ。
いちども　かい。

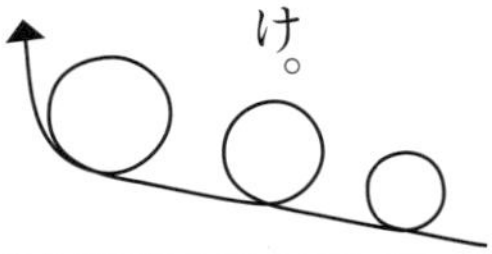

**しんぱいしてあげている。**
**わけをきいてあげている。**
**こえをかけてあげている。**

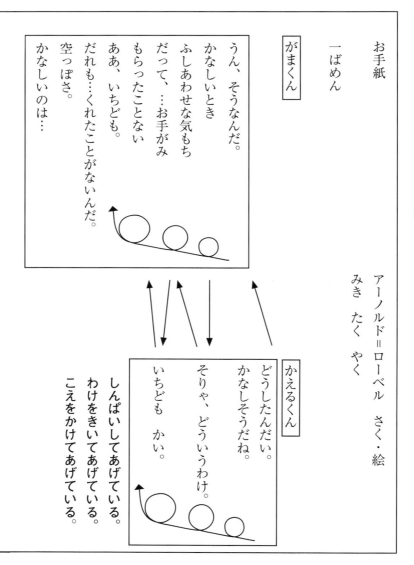

ちゃんとわけをはなしている。
気もちが言えている。

ふたりともかなしい気ぶんで…
がまくんと　おなじ気もちになったから
気もちが　つうじあえたから
ともだちだから
なかよしだから

かえるくんは、どんなじんぶつか。

ともだちおもい
やさしい
しんせつ

# 20 主《しゅ》語と述《じゅつ》語

## ◇省略されることもある主語

主語と述語について教えることは、書いてあるとおりでいいと思いますが、日本語では、主語の省略が多く見られます。だから、文には主語と述語があるという固定的な教え方をすると後で困ることがあります。基本は主語と述語があるということですが、主語を省くことがよくあります。「主語を省いてもわかる場合には省くことがあります。」と教えるとよいでしょう。

教科書教材にも、そのような例はたくさん見つけることができます。たとえば、最初の教材「ふきのとう」の文章を見てください。あちこちに主語の省略がいっぱいあります。ですから、後戻って扱うとよいでしょう。教材というのは、後戻って使うという場合があるのです。そうすると、ああ、なるほど主語が省略されているとか、省略されていても前後の関係でちゃんとわかるのだということがわかります。

## ◇述語はほとんど省略されない

ただ述語が省略されているのは、よほどのことでないとありません。要するに日本語は、述語中心の文なのです。日本語というのは述語中心ですから、主語は、それにつけたしたようなものです。ヨーロッパの文章というのは主語中心です。主語中心の言語と述語中心の言語との違いがあるのです。そんなことまで子どもに教える必要はありませんが、教師が心得ていてくだされぱいいと思います。要するに主語がない文があまりにも多いのです。主語と述語のある文だけにこだわって教えると、主語がない文に出合うと戸惑いが出てきます。固定的な考えで指導すると、そのような戸惑いが出てきますから気をつけてほしいと思います。

ですから、主語と述語がそろった文は、言いたいことがきちんと伝わるというのは、そのとおりですが、「主語がなくてもわかる場合には、主語を省くことがあります。」と教えてください。

（西郷竹彦）

# 21 かん字の読み方

## ◇音と訓

音と訓の二つの読み方があるということが前提になっている漢字の指導です。もちろんここで音とか訓とかを教える必要はありませんが、指導にはいろんな教え方があります。きちんと説明して、そして指導するという場合と、説明は抜きにして、その実例をいくつも積みあげていって、ある段階にきたところで説明したほうがいいという場合があります。この教科書は、音訓をのっけから教えるのは二年生の段階では難しいことから、音と訓の実例をいっぱい先に出して、あるところにきたら、そこで、今まで習ってきたこういうのは音であり、こっちは訓であると、説明するやり方をとっています。しかし、音と訓の二とおりの読み方があるという事実は知らせておく必要があります。

ここでは、実例をいくつも積みあげる一例を提示しています。

①「九」の読み方の実例……九（く）月、九（ここの）日、九（きゅう）才

②「日」の読み方の実例……九日（か）、日（にち）曜日、日曜日（び）

③「上」の読み方の実例……「じょう」「うえ」「うわ」「かみ」「あーげる」「あーがる」「のぼーる」

④「下」の読み方の実例……「か」「げ」「した」「しも」「さーげる」「さーがる」「くだーる」「おーろす」……

このように音と訓の実例を、対にして、取り合わせて示し、知識として蓄えておくことを学習します。そして蓄えたものが、あるところにきた段階で、「これらのものは、もともと日本語として古くからあることばで、これらは、中国から漢字と一緒に入ってきたことばだよ。」と教えるといいでしょう。本格的には、高学年になってからでないと、難しいと思います。いろいろな漢字には読み方があって、おくりがなの付け方で読み方が違ってくるのだなという実例にふれさせ、意識させてください。

（この項は、旧『ハンドブック低学年』所収の「かん字の読み方」に一部書き加えたものです。／上西信夫）

## 22 お話のさくしゃになろう

改訂学習指導要領・国語にある低学年の「書くこと」の「目標及び内容」の「ア　経験したことや想像したことなどから書くことを決め……」と「イ……事柄の順序に沿って簡単な構成を考えること」にあわせた単元です。想像したお話でも、その作文の中に作者（書き手の子ども）のどのような真実が書き込まれているか、それをどれだけ読みとることができるかを大事にしたいと思います。作者の意図をも超えた、深くて豊かな**意味づけ**こそが作文教育として大切にしたいところです。そうでないと、ただのことばお遊びになってしまいます。（上西信夫）

## 23 かたかなで書くことば

かたかなのコーナーがあります。三五頁では、かたかなの長音表記に注意させたいところです。ひらがな表記と違っています。外来語とか外国の地名・人名とかはかたかなで書くということはさほど問題はありません。問題は、擬声語、擬態語です。鳴き声や物の音は、かたかなで書くとなっていますが、これは、きちんと区別できない例もたくさんあります。たとえば

「どんどん」は、物の音か様子か区別できません。すると、どちらの表記をとればいいか判断が難しいかと思います。どういうときにかたかなで書くかというと、とりたてて強調する場合です。その原則を教えてください。

（この項は、旧『ハンドブック低学年』所収の「かたかなで書くことば」に一部書き加えたものです。／上西信夫）

# 24 しかけカードの作り方

## ◇材料と道具の項目を立てる

これは、何かを作るというときのつくり方の説明文です。それからそれを使って遊ぶ、遊び方の説明です。作り方と遊び方というのは、説明文の一つです。これまで、どの教科書にも道具という項目が立てられていませんでした。それは、説明として十分とは言えません。このようなテーマの説明文の場合、〈材料と道具〉という柱を立ててから作り方を説明することが大切です。光村版の教科書で、道具の項目が立てられたのは、この教材がはじめてです。

## ◇順序の問題

〈作り方〉では、**順序**が問題になります。順序は、ものの見方・考え方の大事な項目の一つです。順序がよくわかるように、順序を表す「つなぎことば」が書かれています。〈まず〉とあって、〈つぎに〉〈それから〉〈こんどは〉と続き、〈さいごに〉〈これで、しかけカードのできあがりです。〉となります。**作っていく順序**で書かれています。作っていく順序の後先を違えますと、作ることは難しくなったり、場合によってはできなくなってしまいます。ものごとには、順序があります。ですから、書く場合でも順序にしたがうことが必要なのです。書く場合、いつも物事の順序どおりに書かなければならないということはありません。しかし、この場合は〈しかけカードの作り方〉という説明文ですから、作る順序にそって説明しないとわかりにくい文章になります。ここでは順序よく作るためには、順序よく説明することが大切ということについてしっかり教えたい単元です。

## ◇図や絵の役割

それから、説明文の図や絵、写真の役割です。図や絵を描いたり、写真を用いたりして、わかりやすく説明することも大事です。これは、わかりやすく説明するときの大切な表現の工夫(**説得の論法**)です。文と図と絵、写真との関係を押さえることも大事です。

この後に発展として「おもちゃの作り方」という説明する文章を書く単元が続きます。「しかけカードの作り方」で学習した説得の論法を使って、説明文を作ることをねらっています。材料・道具は簡潔に箇条書きに書く。作り方の説明は、順序を表す言葉を使う。さらに図や絵をもちいてわかりやすくという例を示しています。

(この項は、旧『ハンドブック低学年』所収の「うごくおもちゃを作る」に一部書き加えたものです。/上西信夫)

## 25 あったらいいな、こんなもの

### ◇わけを押さえて

こんなものあったら、いいなというのは、一つの夢でしょう。これも、なぜ「あったらいいな」なのか、**わけ**を考えさせるといいと思います。欲しいといったとき、どんなものが欲しいのかが出たら、なぜ欲しいのかというわけを考えさせてください。そこを押さえた指導をしてほしいものです。

（西郷竹彦）

## 26 「わたしはおねえさん」（いしい　むつみ）

### ◇題名からわかること

「わたしはおねえさん」という題名の助詞の〈は〉に注目してみましょう。この題名によっておねえさんだからこそ自分には妹か弟がいることを暗に示しています。そして、自分は〈おねえさん〉だと言っているのも、いかにもちょっと背伸びをした感じがします。「わたし」のちょっと得意気な感じも伝わってきます。実際の妹か弟でなくても二年に進級すると、新しい一年生が入ってきます。すると、「自分たちはおにいさん、おねえさんなんだ。」と実感できます。ですから、この物語は、自分と重ね合わせて読むことができます。

おねえさん、おにいさんになるということはどういうことかというテーマを考えさせる題名にもなっています。

## ◇視点を押さえる

物語を読んでいくうえで、**視点**を押さえることはとても重要です。この物語は**視点人物**である〈すみれちゃん〉の目と心に寄りそって、**話者**が語っています。すみれちゃんは二年生。この作品の想定された読者である二年生の子どもたちと一緒です。この作品は、すみれちゃんの側（**視角**）から語られています。ですから、読者は自分とすみれちゃんを重ね合わせながら、共感しながら読み進めていくことができます。この物語を読むときは、視点人物であるすみれちゃんに**同化**しながら、読み進めていくことが大事です。

もし、視点を押さえずに読むとどうなるでしょう。この物語では、すみれちゃんの妹の〈かりんちゃん〉が登場します。すみれちゃんが見る側（**視点人物**）であるのに対して、かりんちゃんは見られる側（**対象人物**）です。この物語には、すみれちゃんの宿題のノートにかりんちゃんが落書きをしてしまうという場面があります。そこで、教師が「なぜ、かりんちゃんは、すみれちゃんの宿題のノートに落書きをしてしまったのでしょう。」という発問をしたとしましょう。子どもたちはあれこれと想像し、活発に発言はするかもしれません。しかし、この問いに対する答えの根拠・決め手はありませんから、想像に頼るしかありません。

すみれちゃんの気持ちについては表現の中に、根拠・決め手があります。ですから、すみれちゃんの気持ちがはっきりとわかるのです。以下文章にそって見ていきましょう。

〈「もう、かりんたら、もう。」〉と言っていることや言い方から、びっくりして怒っている気持ちがわかります。

〈半分ぐらい、なきそうでした。もう半分は、おこりそうでした〉と〈すみれちゃんには、自分が、なきたいのか　おこりたいのか分かりませんでした〉には、すみれちゃんの気持ちが、直接書かれています。そこには、おねえさんらしくありたいからこそ、すぐ泣くのでもなく、すぐ怒るのでもなく我慢している気持ちが伝わってきます。

〈それで、じっと、ノートを見ていました。かりんちゃんがかいた　ぐちゃぐちゃのものを見ていました〉は、すみれちゃんがしていることが書かれています。ここからも、気持ちがわかります。〈ぐちゃぐちゃのもの〉と感じていますから、大事なノートに意味のないものを落書きされた、とまだ怒っている気持ちはあります。それでも、妹は何を書きたかったのかを真剣に見ています。

〈「何よ。これ。」〉という言い方にも、怒っている気持ちがあります。

〈すみれちゃんは、もういちど、ノートを見ました。じっと。ずっと。〉という様子からは、妹がしたことは、自分が育てているコスモスの花を描いてくれたことだ、とわかったうれしい気持ちが読み取れます。

〈ぐちゃぐちゃの絵が、かわいく見えてきたのです〉には、もう泣きたい気持ちも、怒りたい気持ちもありません。

〈ふたりでたくさんわらってわらって〉という様子から、すみれちゃんが妹のことをとてもかわいいと思っている気持が伝わってきます。

このように、すみれちゃんの気持ちがよくわかるのは、すみれちゃんが視点人物だからです。すみれちゃんに同化することで気持ちの変化がよくわかります。これを**同化体験**と言います。

## ◇人物を外から評価する異化体験

視点人物を外から見る読みを**異化体験**と言います。たとえば「そんなすみれちゃんをどう思いますか。」という発問が異化をうながす発問です。それに応えて「妹をかわいいと思い、妹といっしょに笑っているので、すみれちゃんはお姉さんらしくなっています。」という発言は異化体験から生まれるものです。

気持ちが変わってくるすみれちゃんを外から異化して読んで、すみれちゃんはだんだんおねえさんらしくなっているなと考えるのが異化体験です。

## ◇豊かな読みにつながる共体験

〈「じゃあ、かりん。こんどは　ねえねがおべんきょうするから、ちょっとどいててね。」〉という会話文から、すみれちゃんの妹をかわいいなと思う気持がわかります（同化体験）。同時に、そんなに思っているからおねえさんらしい上手なことばかけができているな、と読者は考えることができます（異化体験）。このように同化体験と異化体験を同時にすることを**共体験**といいます。

共体験していくことで、豊かな、深い読みになっていきます。

## ◇くり返し（類比）から人物像を読み取る

この物語において、すみれちゃんの人物像を読みとるうえで注目したいのは、**類比**というものの**見方・考え方**です。類比されているものごとに注目していくことで、「歌が好きでやさしく、元気なおねえさん」という人物像がくり返し語られていることが見えてきます。さらに言えば、「おねえさんであろう、ありたい」と思うすみれちゃんの思いや願いが類比されていることに気づきます。この作品では単なる類比ではなく、変化発展する類比になっています。

一場面では、二年生になって「おねえさん」になったよろこびをただ歌っているだけのすみれちゃん。そして、二場面では、歌を歌うことで、おねえさんらしく宿題を自分からやろうとするすみれちゃん。三場面でも、歌を歌うことで、進んでコスモスに水やりをします。四場面では、宿題をやろうとしたノートに落書きをされ、どうしていいかわからなくなるすみれちゃんです。しかし、五場面では、実際に怒るのではなく、二歳の妹のいたずらを、二歳でまだ小さい妹だからと**条件的**に見て、あたたかく妹の気もちに配慮する「おねえさん」としてのすみれちゃんに変化しています。

このようにすみれちゃんの人物像が変化発展しています。類比に目を向けて読むことで、「おねえさんであろう、ありたい」と思うすみれちゃんの思いや願いが、すみれちゃんを成長させたと気づくでしょう。

学習し終わった後、「わたしはおねえさん」という題名にもう一度もどってみてください。この題名に、おねえちゃんになりたいという願いから自覚をもったおねえちゃんに変わっていくすみれちゃんの成長を感じることができるのではないでしょうか。

（小倉隆志）

## 27「てのひらを太陽に」（やなせ　たかし）

「てのひらを太陽に」はやなせたかし作詞、いずみたく作曲の童謡です。一九六一年に制作され、翌一九六二年にＮＨＫ「みんなのうた」で放送されました。今では小学校二年生の音楽教科書にも採用され、子どもからおとなまで口ずさむことができる有名な曲です。

まず詩に出会った時は、目で見て気がつくことを自由に発表させることから始めるのもおもしろいでしょう。二連から成る詩であること、〈ぼくらは　みんな生きている〉がくり返されていること、他の詩よりも濁音が多いこと等、この詩の特徴を目で見てとらえることができるでしょう。

この詩の**話者**は、〈ぼく〉です。ならば「ぼくは生きている」でもよさそうですが、話者はあえて〈ぼくら〉と語っています。どうちがうかを比べ読みしてみましょう。人間の〈ぼく〉だけが生きているんじゃない、〈みみず〉や〈おけら〉のような小さな生き物まで、みんな生きているんだというイメージのひろがりと連帯感のような力強さをも感じるのではないでしょうか。〈ぼくら〉は、どんな時に歌うのでしょうか。うれしいときや楽しい時には、おもわず歌いたくなるものです。しかし人生は、楽しいことばかりではありません。悲しいことに出会うこともたくさんあるでしょう。でもそんなときこそ〈てのひらを太陽にすかして〉、自分は生きているんだということを実感し、〈みみず〉や〈おけら〉や〈あめんぼう〉のような小さな生き物とともに、みんな生きているんだという生命の賛歌を歌うのです。〈生きている〉の**くり返し**によるリズムと常体の語りがひびきあい、音読したり、歌ったりした後に力がわいてくるような詩です。

（北村　修）

# 28 ようすをあらわすことば

## ◇声喩（擬声語・擬態語）

文芸研では擬声語・擬態語をまとめて**声喩（せいゆ）**と教えます。ものごとの音や声を表すことばは、擬声語でカタカナ表記、様子を表すことばは、擬態語でひらがな表記といった分け方では、分けられないことがあるからです。教科書の例文にある「ざんざん」も様子ともとれますし、音ともとれます。また日本語では、擬態語でも強調したいときはカタカナで表すことがあります。ですから私たちは、音声で様子を表したり、たとえたりすることを声喩（せいゆ）と教えるのです。

## ◇声喩で本質をとらえる──民族の耳を鍛える

『さるかに』『力太郎』など日本の昔話や民話には実に多くの**声喩**が生きいきと使われています。そのことは日本の民衆は、声喩で、その人物がどんな人物であるのかを語り継いできたといえるでしょう。声喩でぱっと人間の真実やものごとの本質をとらえることができる力を育てることを、西郷会長は、**「民族の耳を鍛える」**と言ってきました。伝統文化を問題にするならば、このようなことにこそ自覚的であってほしいと思います。

## ◇比喩・活喩（擬人化）

例文の〈たきのように〉〈バケツをひっくりかえしたみたいに〉と物でたとえることを**比喩**といいます。まずはわかりやすい「─ように」「─みたいに」の直喩（明喩）を扱います。先に行けば、「─くらい」「─ほど」など程度を表す比喩についても気づかせます。また、人間にたとえることを〈活喩〉（かつゆ・擬人化）もあわせて、わかりやすい教材で具体的に教えてほしいと思います。

（上西信夫）

# 29 見たこと、かんじたこと

## ◇描写で様子を表す

詩を作るための参考作品として、少年詩「ペンペン草」（阪田寛夫）、「もやし」（まど・みちお）の二編と児童詩二編が取り上げられています。「ようすをあらわすことば」で学習した**声喩**（擬音語・擬態語）・**活喩**（擬人法）・**比喩**（たとえ）が生きた作品です。

## ◇たくさんの詩に出合わせる

このような詩を読んだからといって、散文を短くしても、すぐ詩が作れるわけではありません。日常的にたくさんの詩を子どもたちに与えることです。少年詩（大人の詩人が子ども向けに書いた詩。少年少女を話者に設定した詩）には、比喩や声喩、活喩が多く使われています。また、**くり返し**（**類比**）で強調し、リズムを生み出していることも特徴です。たくさんの詩に出合わせることで、詩の形式に気づかせることです。

（上西信夫）

## 30「三まいのおふだ」（せた ていじ）

〈聞いてたのしもう／先生に読んでもらって、むかし話をたのしみましょう。〉とあるように、読み聞かせ教材としての扱いです。瀬田貞二さんの再話です。民話の特徴である**「くりかえし」**と**声喩**が効果的に使われています。読み聞かせするときは、その特長を生かしてください。この民話の音楽劇もありますから、学級や学年の文化活動としてとりくむのはどうでしょう。民話の世界とは、不思議なことが当たり前の世界であり、幸せへの願いがかなう世界です。また、馬鹿が利口で、利口が馬鹿な世界でもあります。強いものが弱く、弱いものが強い世界でもあり、化けたり、化かしたり、化かされたりする世界です。教室でたくさんの民話に出合わせ、その**《美＝おもしろさ》**を体験させてください。

（上西信夫）

## 31「おにごっこ」（もりした はるみ）

### ◇遊びとは

子どもたちにとって、遊びは友だちの仲を深める大事な活動です。複数で遊ぶことで楽しさも増え、よりよい人間関係が結ばれる点で、勉強とは違う学びがそこにはあります。遊び終わってみんなが楽しかったと思えたとき、遊んだ意味があるといえるでしょう。しかし、そんな遊びでも、きまりがなければ楽しめなくなり、成立しなくなります。

## ◇観点について

「おにごっこ」は、二年生にとってとても身近な遊びです。道具がなくてもすぐに遊べるのでだれでも経験があります。一段落では、〈どんなあそび方があるのでしょう〉、そして〈なぜ、そのようなあそび方をするのでしょう〉という二つの**観点**がはっきりと明示されています。

## ◇逃げる範囲を決めた「きまり」

二段落では、「おにの側」に立って説明されています。逃げる範囲を決めた遊び＝きまりをつけ加えることで、おには逃げる人をつかまえやすくなります。もし（**仮定**）範囲を決めていないと、おにはつかまえるのが大変になり、最後はおいかけるのがいやになってしまい、遊びが成立しなくなります。逃げる範囲を決める「きまり」を「もし～だったら」と仮定して、そのわけを考えています。この後の「きまり」の説明も同じです。

## ◇簡単につかまらない

三段落では「逃げる人の側」に立って説明されています。「おにごっこ」は、つかれた人や逃げるのが苦手な人も長く遊べなければすぐに遊びが終わってしまいます。楽しいのは走るのが得意な人だけになってしまうでしょう。遊ぶ人も限定されてしまい、友だちの輪が狭くなり、広くて深い人間関係も結べなくなってしまいます。そうならないために、「ここにいればつかまらない」「こうしていればつかまらない」といったきまりを加えることで、逃げる人も楽しく遊ぶことができます。

## ◇お互いが楽しめる「きまり」

四・五段落では、つかまった人がおにになっていく遊び方が説明されています。おにが増えていくことで、逃げる人は「どうすればつかまえられないか」と考え、工夫した走り方をしようとします。また、どきどきすることも増えて、もっとおもしろくなります。でも、これでは、おにがどんどん増えていき、結果的に遊びがすぐに終わってしまいます。だから、さらにきまりを加えます。それは、「おにになった人が、みんな手をつないでおいかける」というものです。こうすると、おにたちは仲間が増えながらも、つかまえるのが難しくなります。反対に、逃げる人たちは、おにが増えていくから、つかまえられそうでつかまえられなくなります。つまり、両者ともに長く楽しく遊べる、ということになります。

遊びは、だれか一方の人がつまらなくなったり、大変な思いをすることになったりしないよう、きまりが必要であるということ、またそれをみんなで守ることで楽しめるということ、それが、長く楽しく遊べることにつながり、遊び終わったときにみんなが「楽しかった」と思えるようになるのです。

### ◇きまりとは

　ところで、きまりというのは遊びだけに限らず子どもたちの生活の中にもたくさんあります。廊下を歩くときのきまりがあるのは事故や混乱を防ぐためです。作文を書くときのきまりがあるのは読み手にわかりやすく内容を伝えるためです。授業中のきまり、登下校のきまり、食事のきまりなどあげればきりがありませんが、すべてはみんなが心地よく楽しく、または安全に生活するためにあるのです。また、きまりをつくることは、よりよい生活を送ることにつながります。自分たちがよりよく過ごすためにきまりをつくっていくことも大事であることも考えさせましょう。

　また、自分の身の回りにはどういうきまりがあるのか、なぜきまりがあるのか調べ、この教材のようにわかりやすく文章で説明してみる、というような発展的な学習へと広げることもできるでしょう。

（倉富寿史）

## 32 みんなできめよう

　前回の改訂で「伝え合う力」の強調で、「話すこと・聞くこと」にかかわる単元が増えました。「話す・聞く」力は、朝の会から帰りの会まで、算数でも体育でも全教育活動の中で培うことが可能です。国語の時間で一番時間をかけて系統的に指導を積みあげなければならないのは、「読むこと・書くこと」の力です。「話し合いをすすめる人をきめる。話し合うことをたしかめる。友だちの話を、さいごまで聞いてから話す。考えを話すときには、理由を言う。分からないことはしつもんする。きめたことを、さいごにかくにんする。」という教科書の留意点は、さまざまな話し合いの場面の声の大きさとともに、国語の授業だけではなく学習のルールとして定着させたい内容です。

（上西信夫）

## 33 なかまのことばとかん字

「なかま」の漢字は、できるだけ意図して指導する必要があります。教科書の例のほかにもたとえば、「人間の体のなかま」は、〈手・足・顔・頭・首・胴・腹〉などがあります。もう少し細かくなると、「顔のなかま」でしたら〈目・鼻・口・耳〉などになります。このようにまとめて指導する配慮が必要です。ただ、漢字は学年配当になっていますから、すべて漢字で書くことはできませんが、まだ学習していない漢字はひらがなで「なかま」集めすればいいのです。

（西郷竹彦）

## 34「スーホの白い馬」（おおつか　ゆうぞう）

### ◇昔話・伝記・伝説の形式

この話は、馬頭琴がどうやってできたのかという由来話で始まります。昔話や伝記、あるいは伝説には、由来を語るという形式がたくさんありますが、そういう形式の一つです。

まず、モンゴルと、そこに住む人のくらしが説明されています。なぜ、〈そこにすむ人たちは、むかしから、ひつじや牛や馬などをかって、くらして〉いたのでしょうか。それは、モンゴルが、広い草原を多くもつ国だからなのです。

草原でくらすには、草を食べる羊や牛を飼うのが適しています。その羊たちをまとめて、草を求めて移動生活（遊牧）をするためには、馬が必要になります。そのために、こんなくらしをしていたのです。

そして、モンゴルの人は、羊から服をつくり（衣）、肉を食べて（食）、パオというテントの住居をつくる材料（住）を得ます。まさに、羊は衣食住の源といえるぐらい大切なものでした。また、この大切な羊を飼うために馬もかけがえのないとても貴重なものでした。

次に、馬頭琴の説明をして、〈いったい、どうして、こういう楽器ができたのでしょう。〉と、読者に問いかけています。こうして、読者の興味をひきつけてから、〈それには、こんな話があるのです〉と、馬頭琴の由来を語るという形式で、語り出しています。

〈むかし、モンゴルの草原に、スーホという、まずしいひつじかいの少年がいました〉と語り出されます。

まずしい羊飼いである少年が、年とったおばあさんと一緒に住んで、大人に負けないくらい働いています。〈スーホは、おばあさんをたすけて〉と、**基本的な人物像**が紹介されています。さらに、その人物は歌がうまく、たのまれて歌うほどですから、なかなか人づきあいのよいことがうかがえます。つまり、まずしくても、よく働き、おばあさんにやさしく、それから歌がうまいという、これだけの

**【「スーホの白い馬」（前書き・一場面）の板書例】**

×スーホと白い馬→べつべつ
○スーホの白い馬→はなさない

作者　おおつかゆうぞう

前書き

広い草原

・ひつじ（きもの／食べもの）　家（パオ）
・牛─食べ物
・馬─ひつじをおいかける　あつめる
　家やどうぐをはこぶ

馬頭琴はどうしてできたのでしょう。

モンゴルの宝物

1 **めあて**　スーホは、どんな少年か

・まずしい
・ひつじかい
・おばあさんと二人
・よくはたらく
・毎朝、早くおきる
・おばあさんをたすける
・歌がうまい

⇩

すごい
はたらきもの
やさしい
えらい

少年

いいイメージ

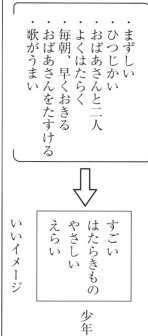

ものをもった人物像が、はじめに紹介されています。そして、〈ある日のことでした〉というところから、物語が動き出すと言ってよいでしょう。

### ◇視角・場面の転換が仕掛に

スーホがなかなか帰ってきません。そこで、おばあさんや近くの羊飼いたちも、どうしたのだろうと騒ぎ始めます。ここは、この物語の**仕掛**になっています。読者が「どうなったのだろうか。」「何が起きたのだろうか。」と興味をもって読み進めていくことになるのです。〈みんながしんぱいでたまらなくなったころ、スーホが、何か白いものをだきかかえて、帰ってきました〉ここは、**話者**がスーホに寄りそうのではなく、おばあさんたちみんなの側に、寄りそって語っているところです。みんなの側から見ていますから、〈何か白いもの〉ということになるのです。そしてさらに、〈そばにかけよってみると〉〈それは、生まれたばかりの、小さな白い馬〉であることが、みんなにわかるのです。そこで、スーホは、遅くなったわけを、〈「帰るとちゅうで、子馬を見つけたんだ。これが、じめんにたおれて、もがいていたんだよ。あたりを見ても、もちぬしらしい人もいないし、おかあさん馬も見えない。……」〉と語っていきます。ここは非常に大事なところです。

モンゴルでは馬は貴重な財産ですから、たとえ一頭がそこに迷っていたとしても、勝手に連れて帰るということはよくないことなのです。しかし、スーホは決して勝手に連れて帰ったのではありません。もち主らしい人もいないし、おかあさん馬も見えず、さらには、放っておいたら、狼に食われてしまうかもしれないからこそ、連れてきたのだということです。このことで**理由**は尽くされているといっていいでしょう。スーホが白い子馬を自分の馬として育てることに、なんら不都合はないわけです。むしろ、スーホのやさしさのほうが見えてきます。

心を込めて世話をしたおかげで、子馬はすくすくと育ちました。その馬のイメージは〈雪のように白く、きりっと引きしまって、だれでも、思わず見とれるほど〉と描かれています。

さて、〈あるばんのこと〉というところから、**視角**が切り変わって、**話者**がスーホのほうに寄りそって語っていきます。はっと目をさますと、〈けたたましい馬の鳴き声と、ひつじのさわぎが聞こえます〉——声と音は聞こえるのですが、何ごとが起きたのかということはスーホにはわかりません。それがまた**仕掛**になっているのです。一体何が起こったのだろうと駆けつけてみると、大きな狼が羊に飛びかかろうとしていて、白い馬が、その前に立ちふさがって必死に防いでいます。体じゅう、汗びっしょりになって、狼と戦っているのです。

こういう事件があって、スーホは白い馬の体をなでながら、〈兄弟に言うように話しかけました〉とあり、ここでは、もう兄弟のような関係が生まれてきていることが語られています。〈「……本当にありがとう。これから先、どんなときでも、ぼくはおまえといっしょだよ。」〉

このことばは非常に大事です。「どんなことがあっても、どんなときでも離れないよ。」ということです。ですから、逆に何か起こるに違いないという気がします。この二人の心がどんなに強いものになっていくのかという期待もあります。つまり、仕掛にもなっているのです。

## ◇〈ところが〉の背景

月日は飛ぶように過ぎていき、あるとき、とのさまから、競馬の大会を開くという知らせが伝わってきます。一等になった者は、とのさまの娘と結婚させるというのです。仲間の羊飼いたちにすすめられて、スーホは出かけていきます。

競馬が始まって、たくましい若者たちがむちをふります。白い馬が先頭を駆けていきます。そこで、とのさまが〈「白い馬が一等だぞ。白い馬ののり手をつれてまいれ。」〉とさけびます。ここは、話者がとのさまに寄りそって語っているところです。ですから、その次の〈ところが、つれてこられた少年を見ると、まずしいみなりのひつじかいではありませんか〉の〈ところが〉には、とのさまの予想、期待していたことが読みとれます。〈ところが〉という言い方の裏には、「おそらく、立派な身なりをした若者が現れるに違いない。」という予想、期待があったことがうかがえます。そういうものがあったからこそ、当てが外れて、〈ところが〉になったのです。話者がとのさまの目と心に寄りそって語っているから、とのさまの、こういう考えがわかってくるのです。

モンゴルというのは草原の国ですから、羊とか馬が非常に大切な財産なのです。それだけが財産と言ってもいいような国がらです。ですから、競馬に出て一等になるような馬をもっているということは、大変なことなのです。たとえば日本でも、サラブレッドの競馬で一等になるような馬は何億円もします。血続書付きの馬の種つけ料なども大変なものです。外車を乗り回している程度のものではありません。その何十倍も高価なものなのです。

そうすると、そのようなすぐれた馬をもっているということは、貧しい羊飼いにはあり得ないことです。貧しい羊飼いが馬を持っているというだけでも大変なことなのに、競馬で一等になる上等の馬をもっているなどということは、およそ考えられないことです。ですから、とのさまが、競馬で一等になった若者を娘のむこにするというのは、ただの思いつきではないのです。一等になる馬をもっている若者は当然、大変な物もちの人間であることが前提なのです。しかも、そのうえにすばらしい力を発揮する人物であれば、とのさまの娘のむこにふさわしい人間、まさに三国一の花むこということになるのです。そういうことがあるから、〈ところが〈まずしいみなりのひつじかいではありませんか〉ということになるのです。

## ◇なぜ対応がずれているのか

そこで、とのさまは知らん顔をして、〈「おまえには、ぎんかを三まいくれてやる。……」〉と言います。「売れ」と言わず、〈くれてやる〉と言っているところが大事です。〈「……ぎんかを三まいくれてやる。その白い馬をここにおいて、さっさと帰れ。」〉
こういうせりふが出てくる裏には「そこらへんの貧しい身なりの者が、競馬で一等になるほどの馬を、本当に正当な手段で手に入れるはずがない」という考えがあるわけです。盗んだか、それに近いこと以外には考えられないと言うのです。
でも、なぜ〈ぎんかを三まいくれてやる〉と言ったのでしょうか。馬を買うのであれば、当

## 【（五場面：ある年の春〜）の板書例】

スーホの白い馬　　おおつか　ゆうぞう

5　**めあて**　とのさまはどんな人ぶつか。

**とのさま**　したこと
言うこと・言いかた

お金もちがくると思った。
〈ところが〉
まずしいみなりのひつじかい
・やくそくをやぶった
・「ぎんかを三まいくれてやる。
・「白い馬をおいてさっさと帰れ。」
・「なんだと、
ただのひつじかいが、…」
・「こいつをうちのめせ。」
・白馬をとり上げる。
・大いばり

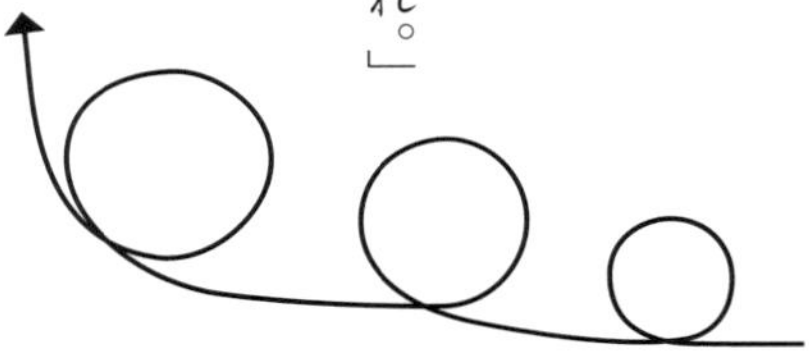

くりかえし（るいひ）

**どくしゃ**　思ったこと

うそつき　いじわる
はがゆい　ひどい
よこどり　わるい
いばっている
ひどすぎる　わるい
じぶんかって

とのさまの人ぶつぞう

じぶんかってで、ひどい、わるい人ぶつ、

⇕ たいひ

スーホの人ぶつぞう

・心をこめてせわをしてそだててきた。
・「馬を売りに来たのではありません。」
・白馬をとてもあいしている。
・やさしい人ぶつ

然それ相当の金貨を積んで買うべきところですが、やましい方法で手に入れた馬ならば、金を出して買うものではないというわけです。とのさまはそういうふうにしか考えられないのです。そこで、金貨でなく、〈ぎんかを三まいくれてやる〉というせりふが必然性をもって出てくるわけです。

とのさまの言うのも無理はありません。野原に馬が捨ててあるなどということは、とても考えられません。ただ、昔話や伝説の世界では、白い馬とか、白い鳥は、神の使いであり、神様からいただいたというような発想があります。「花咲かじじい」の話の中に白い犬が出てきますが、あの犬も、白いということに意味があります。白い雉、白狐のように、白というのは数少ないものであり、それだけに、昔話や伝説の中に白い馬や白い狐などが登場するのでしょう。

ただし、とのさまの側からすると、スーホの側の事情はまったくわかっていません。盗んだものでしかないと決めてかかっているのです。だから、〈「……ここにおいて、さっさと帰れ。」〉と言っているわけです。スーホにしてみれば、拾ったものには違いありませんが、それは、もち主があるのに黙って隠しているというのではありません。もち主らしい人もなく、おかあさん馬も見当たらず、放っておいたら狼に食われてしまうから引きとった、という正当な**理由**があるのです。最初に語られたことと結びつけておかないと、ここの読みが正確になりません。

〈「わたしは、けい馬に来たのです。馬を売りに来たのではありません。」〉売りに来たのではない、というのは、とのさまに対するせめてもの反抗です。とのさまは「買ってやる。」と言ったわけではありません。だから〈くれてやる〉ということばに対して「売りに来たのではない。」と答えているのです。本来なら、「買ってやる。」ということばに対して「売りに来たのではない。」と答えるのが、ことばとしての対応です。せりふが対応していないところに、スーホの怒り、くやしさが感じとれます。この、せりふのちぐはぐさは、しっかり押さえておかなければならないでしょう。

## ◇馬に対する態度の対比を

とのさまは〈「……ただのひつじかいが、……」〉と言っています。どうせ金もないし、物もない身の羊飼いです。家来たちにとびかかられ、なぐられたり、けられたりして、スーホは気を失ってしまい、そのあいだにとのさまは白馬を取り上げて、大いばりで帰っていきます。これから後の場面は、スーホととのさまの、白い馬に対する態度を**対比**しながら読んでいく場面です。

スーホは傷だらけで帰ってきます。そして、何日かたって、やっと傷も治ります。しかし、馬をとられた悲しみは消えず、白馬はどうしているかと、そればかりが心配です。では、白馬を手に入れたとのさまはどういう態度だったかというと、もう白馬をみんなに見せびらかしたくてたまらず、たくさんお客さんを呼んで見せてやることにします。つまり、白馬を見せ物としか考えていないのです。そこには、スーホの白い馬に対する関係とまったく反対の関係があり、同時に、白い馬のスーホに対する態度と、とのさまに対する態度とがまた対比になっています。

〈そのときです。白馬は、おそろしいいきおいではね上がりました。とのさまは、じめんにころげおちました。白馬は、とのさまの手からたづなをふりはなすと〉風のように駆け出していきます。ここには、明らかに、とのさまに対する白馬の態度があります。

とのさまは、白い馬に対してどういう態度をとっているでしょうか。〈とのさまは、おき上がろうともがきながら、大声でどなりちらしました。「早く、あいつをつかまえろ。つかまらないなら、「弓でいころしてしまえ。」〉というところに、とのさまの残虐性や非人間性がありま す。白馬を物として、見せ物の対象としてしか見ていないわけです。生き物として大事にしているということではないのです。

「平家物語」の中に、一の谷の戦で敗れた平家の軍勢が、われ先にと沖の船に泳ぎ渡って乗る場面があります。後ろから源氏の軍勢が押し寄せるなか、なぎさから馬を泳がせて、沖合に並んでいる船に追いつくという場面です。あそこで、平知盛という武将が、自分の息子・知章を失います。息子の死を知りながら、自分一人味方の船へ乗り移っていきます。しかし、沖へ馬を乗り入れて行ってみると、もう船は満杯です。そこで仕方なく、自分は船にあがって、馬は陸へ返すことになります。そのときに、平家の武将たちは、あのすばらしい名馬を、おめおめ敵の手に渡すのはなんとも残念だというので、弓矢をつがえて馬を射殺そうとします。ところがそのとき、知盛は、「たとえ敵のものになろうとも、このすばらしい馬をここで殺してはならない。返せ。」と言うのです。情を知る武士のことばというか、馬は長いあいだ船の後を追っていましたが、あきらめてなぎさに帰り、敵の源氏の手に渡ることになるわけです。

とのさまの態度を見ながら、私はこの知盛の話を思い出します。敵の手に渡れば敵の戦力になってしまうのはわかりきっていても、知盛という武将は、やはり名馬の命を惜しんで、「敵に渡すとも殺すな。」と言ったのです。

ところが、このとのさまはどうでしょう。白い馬はもち主のところに帰るのですから、何も射殺してしまう必要などないではありませんか。このように、他の物語と対比してみても、このとのさまの浅ましさ、醜さ、非情さがはっきりとわかります。

## ◇人間性の本質・愛の本質

〈家来たちは、弓を引きしぼり、いっせいに矢をはなちました〉。〈白馬の　せには、つぎつぎに、矢がささりました。それでも、白馬は走りつづけました。／そのばんのことです〉。

ここで再び、語り手がスーホの側に寄りそって語っていきます。〈スーホがねようとしていたとき、ふいに、外の方で音がしました〉とあります。〈カタカタ、カタカタ〉と、もの音がします。〈おばあさんが、さけび声を上げました〉。ずっともの音や声が続きます。そして、〈「白馬だよ。うちの白馬だよ。」〉ということになり、スーホが駆けて行って見ると、本当に白馬はそこにいました。しかし、傷を負って瀕死の状態になっています。

ここは、大変に悲しい場面です。そこでスーホは〈「白馬、ぼくの白馬、しなないでおくれ。」〉と言っています。これは、単に所有を表すだけでなく、「ぼくの兄弟のような馬」と言っているのです。しかし白馬はすぐに死んでしまいます。悲しさや寂しさで、スーホは幾晩も眠れません。

ある晩、夢で白馬が話しかけるところがあります。〈「……わたしのほねやかわや、すじや毛をつかって、がっきを作ってください。そうすれば、わたしは、いつまでもあなたのそばにいられますから。」〉と話します。

【「スーホの白い馬」八場面の板書例】

スーホの白い馬　おおつかゆうぞう

8 **めあて**　しんだ白馬を馬頭琴にしたスーホはどんな気もちか。

白馬がころされた

いくばんもねむられませんでした。

・くやしい
・かなしい

馬頭琴になった

そんなにかなしまないで
いつでもあなたのそばにいられますから
どこへ行くときももっていく。
自分のすぐわきにいるような気がしました。
聞く人の心をゆりうごかす。

白馬をころされたくやしさや、白馬にのって草原をかけ回った楽しさを思い出しました。

ころされた…かなしい
白馬がしんだ
いつもそば…うれしい

かなしいけれど、うれしい
うれしいけれど、かなしい

これは、〈「……どんなときでも、ぼくはおまえといっしょだよ。」〉というスーホのことばとひびき合っています。たとえ死んでも、こういう形で一緒にいたいということです。そこでスーホは、馬頭琴と呼ばれる楽器をつくり、歌を歌います。そして、〈それをひくたびに、スーホは、白馬をころされたくやしさや、白馬にのって草原をかけ回った楽しさを思い出しました〉。この場面では、「白馬をころされてくやしい、かなしい」気持ちと、「馬頭琴をひくことで白馬といつもいっしょでうれしい」気持ちが、スーホの心の中で同時にわきあがってきます。「うれしい」けど「かなしい」、でも「うれしい」という、相反する**矛盾**する二つの感情が、ないまぜに一つに合わさっているのです。

スーホに**同化**している読者も、この異質な矛盾する感情を一つに統合する**《美的文芸体験》**をするのです。〈スーホは、自分のすぐわきに白馬がいるような気がしました。そんなとき、がっきの音は、ますますうつくしくひびき、聞く人の心をゆりうごかすのでした〉というところで話が終わるのです。ここでは、スーホのやさしさと献身ぶり、それにこたえていく白馬の姿が、くり返し出てきます。そして、それと対比的に、とのさまの非人間性が描かれています。それが結果的には、スーホと白い馬の像、イメージを強調することになっているのです。**類比**と**対比**の見事な組み合わせによって、スーホと白い馬の人間性の**本質**が浮かびあがってきます。たとえ死んでも、ふたりの結びつきは断ち切れないという愛の本質が浮かびあがってくるのです。

（西郷竹彦）

【参考文献】『教科書ハンドブック22　スーホの白い馬』（荒木英治著・明治図書）

## 35 ことばを楽しもう

### ◇わるいにわとりにわいるわ

「たけやぶやけた」「たしかにかした」「なつまでまつな」のように逆から読んでも同じに読める文のことです。言葉遊びの一種と考えていいでしょう。元来和歌や俳諧から始まったといわれています。

「かばはこいよ」のように逆から読むと違った意味が表れるナンセンス詩作りも楽しんで取り組めます。課題が早く終わった子にチャレンジさせてもいいでしょう。

（上西信夫）

## 36 楽しかったよ、二年生

メモのとり方というのは、要するにキーワードをとらえて書くという指導が必要です。推敲指導で一番大事なことは、自分が書きたいことが書けているか、あるいは書きたいことが書けないでいるか、書き落としていることはないか、わかってもらいたいことが、読者にわかるように書けているかです。これが、推敲指導の一番大事なことです。わかりやすくということで「丸とか点とかカギ」なども入ってきます。それから正しく書けるということ、要するにわかりやすく書くというための学びです。

西郷会長は、実験授業で全国の学校を訪ね、いろいろな教室で授業をしました。そこで、低学年に限らず多くの教室の掲示物の中で、一年を通じて「がんばったこと」「できるようになったこと」「学級の宝」「学級の事件やニュース」「行事」などが時間順に掲示してあり、一目で一年間の学級の歴史がわかるようにしているクラスを見ています。そのような工夫もあると子どもたちの意欲もより増すのではないでしょうか。

（この項は、旧『ハンドブック低学年』所収の「楽しかったよ、二年生」に一部書き加えたものです。／上西信夫）

# おわりに

本書は旧『教科書指導ハンドブック』（新読書社・二〇一一年刊）を基にして、二〇一五年度版教科書（光村図書）に合わせて改訂したものです。西郷文芸学理論と教育的認識論に依拠して教科書教材を分析・解釈し、授業化する際の重要な観点を示した内容となっています。

文芸教育研究協議会に所属する全国のサークル員が各単元を分担執筆していますので、文芸研で使用する用語の解説が重複している部分もありますが、読者のみなさんがどこから読み始めても理解していただけるように、あえてそのままにしてあります。また、重複はしていても決して矛盾はしていないはずです。五〇年にわたる文芸研の理論と実践の研究は集団的に積みあげられてきていますので、本書のどのページを開いていただいても、整合性のある文芸研の主張が読みとっていただけるものと思います。

さて、昨今の国語科教育の現場を俯瞰すると「言語活動の充実」「単元を貫く言語活動」ということが声高に叫ばれ、リーフレットづくり、ペープサート、音読劇、読書発表会などを中心にすえた単元構成学習が極端に多くなっています。授業で学んだことを表現活動に生かすこと自体に反対するものではありませんが、文芸を文芸として（作品を作品として）読むことの軽視、あるいは無視についていては看過するわけにはいきません。

これまで国語の教室で大切にされてきた、教材に向き合って場面ごとにイメージと意味の筋を追い、読み深め、子どもたちが多様な読みを交流し合い、語り合う授業は、今や「古い授業」と批判の対象にさえなっています。多くの国語教師は、深い「教師の読み」があってこそ子どもたちに真の国語科の力が育つと信じ、全力を傾けて教材研究に打ち込んできたものですが、近年横行している、ほんの二〜三時間で教材の「あらすじ」を確認したら残り時間は「言語活動」に充てるという授業なら、教材研究など必要ないでしょう。しかし、そのような授業をしていては、国語科で育てるべき学力が子どもたちに身についていくはずがありません。深い教材研究と教授目標の明確化こそ、多様な子どもたちの読みを意味づけ、立体化・構造化し、真の意味で子どもの主体的な学びを保障することになります。

今こそ、深い教材研究に根ざした国語の授業の創造が求められています。本書が、全国の先生方の教材研究の一助になり、子どもたちが楽しく、豊かに深く学ぶ授業につながっていけば幸いです。

また、本書では紙幅の都合で詳細な授業構想・授業記録についてふれることはできませんでしたが、それについては、今夏、新読書社より刊行予定の『文芸研の授業シリーズ』（教材別・小学校全学年・全十八巻予定）をご参照ください。

編集委員会

30「三まいのおふだ」
32 みんなできめよう
35 ことばを楽しもう
36 楽しかったよ、二年生（加筆）
吉村真知子（大阪文芸研・枚方サークル）13「ミリーのすてきなぼうし」
曽根成子（千葉文芸研・松戸サークル） 18「どうぶつ園のじゅうい」
小倉隆志（千葉文芸研・松戸サークル） 26「わたしはおねえさん」
北村　修（大阪文芸研・枚方サークル） 27「てのひらを太陽に」
倉富寿史（神奈川文芸研・相模サークル）31「おにごっこ」

**指導案例・板書例執筆者紹介**（執筆順）
曽根成子（千葉文芸研・松戸サークル） 3「たんぽぽの　ちえ」【指導案例・板書例】
34「スーホの白い馬」【板書例】
辻　恵子（千葉文芸研・松戸サークル） 8「スイミー」【指導案例・板書例】
19「お手紙」【指導案例・板書例】

**教材分析・指導にあたって** 編集委員
**おわりに** 【指導案例・板書例】

**執筆者紹介**（執筆順）　**執筆担当教材名**

西郷竹彦　〈文芸研会長〉
- 低学年の国語でどんな力を育てるか
- 1「ふきのとう」
- 3「たんぽぽの　ちえ」
- 4 かんさつ名人に　なろう
- 6 ともこさんは　どこかな
- 8「スイミー」
- 10 丸、点、かぎ
- 19「お手紙」
- 20 主語と述語
- 21 かん字の読み方
- 23 かたかなで書くことば
- 24 しかけカードの作り方
- 25 あったらいいな、こんなもの
- 33 なかまのことばとかん字
- 34 なかまのことばとかん字
- 36 楽しかったよ、二年生

上西信夫　（千葉文芸研・松戸サークル）
- 2 今週のニュース
- 4 かんさつ名人に　なろう（加筆）
- 5「いなばの　白うさぎ」
- 7 同じ　ぶぶんを　もつ　かん字
- 9 こんなもの、みつけたよ
- 11 うれしいことば
- 12 お話クイズをしよう
- 14「おおきくなあれ」
- 15 大すきなもの、教えたい
- 16 カンジーはかせの大はつめい
- 17 ことばあそびをしよう
- 20 主語と述語（加筆）
- 21 かん字の読み方（加筆）
- 22 お話のさくしゃになろう
- 23 かたかなで書くことば（加筆）
- 24 しかけカードの作り方（加筆）
- 28 ようすをあらわすことば
- 29 見たこと、かんじたこと

**【監修者】**
西郷竹彦（さいごうたけひこ）
文芸学者・文芸教育研究協議会会長

**【編集委員】五十音順　＊は編集代表**
上西信夫（千葉文芸研・松戸サークル）
奥　葉子（大阪文芸研・枚方サークル）
曽根成子（千葉文芸研・松戸サークル）
髙橋睦子（青森文芸研・津軽サークル）
藤井和壽（広島文芸研・福山サークル）
村尾　聡（兵庫文芸研・赤相サークル）
＊山中吾郎（千葉文芸研・大東文化大学）

光村版・教科書指導ハンドブック
新版　**小学校二学年・国語の授業**

2015年5月9日　初版1刷

監修者　西郷竹彦
編　集　文芸教育研究協議会
発行者　伊集院郁夫
発行所　（株）新読書社
東京都文京区本郷 5-30-20　〒 113-0033
電話 03-3814-6791　FAX03-3814-3097

組　版　七七舎　　印　刷　日本ハイコム（株）
ISBN978-4-7880-1191-5 C3037